ADMiS FONCTION PUBLIQUE

2e édition

Entretien avec le jury

Concours et examens professionnels, catégories A et B

180 questions sur les collectivités territoriales

Fabienne Geninasca
Formatrice CNFPT et attachée territoriale principale

Vuibert

ISBN : 978-2-311-20391-2

Conception de la couverture : Les PAOistes
Conception de l'intérieur : Bleu T
Composition : Michelle Bourgeois
Crédit photo couverture : © Sergey Nivens - Fotolia.com

Sommaire

Les finances et la commande publique

Les questions pour la catégorie A

Votre concours, votre métier

Depuis près de dix ans, on assiste à une importante évolution des contenus des concours sur l'avenir de la fonction publique. Ceux-ci se complexifient, les exigences en termes de connaissances de l'environnement territorial et professionnel se sont accrues ; d'où la nécessité d'une préparation encore plus anticipée et sérieuse.

La durée de l'entretien varie de 15 à 25 minutes selon le type de concours/examen professionnel, le cadre d'emplois concerné et la catégorie : on est plutôt sur 20 minutes avec 5 minutes au plus d'exposé pour les concours de catégorie B et 20 à 25 minutes pour les concours de catégorie A. Les coefficients affectés à l'épreuve d'entretien oral varient de la même façon.

La composition du jury est également différente.

Aussi, il est absolument indispensable de consulter **la note de cadrage** de l'épreuve orale d'entretien du concours que vous souhaitez passer, afin d'en connaître les modalités précises de déroulement.

C'est un document indicatif destiné à vous éclairer pour préparer au mieux cette épreuve. Il vous permet de comprendre les attentes du jury, les exigences de formes et de fond de l'épreuve et donc de connaître les axes de travail à privilégier pour votre préparation. Vous trouvez ces **notes de cadrage** en consultant par exemple les sites internet du (des) centre(s) de gestion organisateur(s).

Ces notes de cadrage sont donc une ressource très précieuse.

De même, pour ne pas être surpris le jour de l'épreuve, renseignez-vous auprès de collègues qui ont passé cette épreuve et qui ont été reçus, afin d'avoir un premier aperçu des questions susceptibles d'être posées.

C'est la dernière étape à franchir avant d'être inscrit sur la liste d'aptitude correspondant à l'un des concours ou examens professionnels auquel vous avez choisi de vous présenter.

Cette épreuve est essentielle et il ne s'agit en aucune manière d'une simple formalité. D'autant que dans certains concours et examens professionnels, l'épreuve d'entretien avec le jury est **l'unique épreuve** d'admission.

Aussi, il est indispensable que vous **anticipiez votre préparation à l'épreuve d'entretien avec le jury,** avant même la publication ou la communication des résultats des épreuves d'admissibilité. Cette préparation doit se faire, idéalement, en parallèle de votre préparation aux épreuves écrites.

Quel que soit le domaine dans lequel vous travaillez, vous vous devez de pouvoir répondre aux questions présentes dans cet ouvrage car elles sont susceptibles de vous être posées lors de l'entretien avec le jury.

Donnez-vous les moyens de votre réussite !

PARTIE 1

La nature de l'épreuve d'entretien d'admission

Méthodologie et conseils

1 | Une discussion à visée professionnelle

L'épreuve va généralement être libellée de la façon suivante, selon le type de concours ou d'examens professionnels.

Concours externe

Un entretien, ayant pour point de départ un exposé du candidat sur sa formation et son projet professionnel et permettant au jury d'apprécier sa capacité à s'intégrer dans l'environnement professionnel au sein duquel il est appelé à exercer ses fonctions, sa motivation et son aptitude à assurer les missions dévolues au cadre d'emplois.

Concours interne

Un entretien, ayant pour point de départ un exposé du candidat sur les acquis de son expérience et permettant au jury d'apprécier ses motivations et son aptitude à exercer les missions dévolues au cadre d'emplois.

Troisième concours

Un entretien, ayant pour point de départ un exposé du candidat sur les acquis de son expérience, permettant au jury d'apprécier ses motivations et son aptitude à exercer les missions dévolues aux membres du cadre d'emplois ainsi que sa capacité à s'intégrer dans l'environnement professionnel.

Examens professionnels

Un entretien ayant pour point de départ un exposé du candidat sur les acquis de son expérience professionnelle. Cet entretien se poursuit par des questions permettant d'apprécier les facultés d'analyse et de réflexion du candidat ainsi que son aptitude et sa motivation à exercer les missions incombant aux membres du cadre d'emplois et à encadrer une équipe.

Voici quelques exemples de libellés :

Concours	EXTERNE	INTERNE	3e CONCOURS
Filière administrative **RÉDACTEUR**	Un entretien ayant pour point de départ un **exposé** du candidat sur **sa formation et son projet professionnel**, permettant au jury d'apprécier ses **motivations et son aptitude** à exercer les missions dévolues au cadre d'emplois. **Durée : 20 min, dont 5 min au plus d'exposé** (coef. 1)	Un entretien ayant pour point de départ un **exposé** du candidat sur **les acquis de son expérience** et permettant au jury d'apprécier **ses motivations et son aptitude** à exercer les missions dévolues au cadre d'emplois. **Durée : 20 min, dont 5 min au plus d'exposé** (coef. 1)	Un entretien ayant pour point de départ un **exposé** du candidat sur **les acquis de son expérience**, permettant au jury d'apprécier ses **motivations et son aptitude** à exercer les missions dévolues au cadre d'emplois ainsi que sa **capacité à s'intégrer dans l'environnement professionnel**. **Durée : 20 min, dont 5 min au plus d'exposé** (coef. 1)

Concours	EXTERNE	INTERNE	3e CONCOURS
Filière administrative **RÉDACTEUR PRINCIPAL**	L'épreuve d'admission consiste en un entretien, ayant pour point de départ un **exposé** du candidat sur sa formation et son projet professionnel, permettant au jury d'apprécier ses **connaissances**, sa **motivation** et son aptitude à exercer les missions dévolues aux membres du cadre d'emplois et à **encadrer une équipe**. **Durée : 20 min, dont 5 min au plus d'exposé** (coef. 1)	L'épreuve d'admission consiste en un entretien, ayant pour point de départ un **exposé** du candidat sur les **acquis de son expérience**, permettant au jury d'apprécier ses connaissances, sa **motivation**, son **aptitude** à exercer les missions dévolues aux membres du cadre d'emplois et à **encadrer** une équipe. **Durée : 20 min, dont 5 min au plus d'exposé** (coef. 1)	L'épreuve d'admission consiste en un entretien, ayant pour point de départ un exposé du candidat sur les **acquis de son expérience**, permettant au jury d'apprécier ses **connaissances**, sa **motivation**, son aptitude à exercer les missions dévolues aux membres du cadre d'emplois et sa capacité à **s'intégrer dans l'environnement** professionnel et à **encadrer une équipe**. **Durée : 20 min, dont 5 min au plus d'exposé** (coef. 1)

Concours	Sur titres
Filière médico-sociale **– ASSISTANT SOCIO-ÉDUCATIF** **– ÉDUCATEUR DE JEUNES ENFANTS**	L'épreuve orale d'admission consiste en un entretien, ayant pour point de départ un **exposé** du candidat sur **sa formation et son projet professionnel**, permettant au jury d'apprécier sa capacité à s'intégrer dans l'environnement professionnel au sein duquel il est appelé à travailler, sa motivation et son aptitude à exercer les missions dévolues aux membres du cadre d'emplois. **Durée : 20 min, dont 5 min au plus d'exposé** (coef. 2)

Concours	Externe	Interne	3e voie
Filière animation ANIMATEUR	L'épreuve d'admission consiste en un entretien ayant pour point de départ un **exposé** du candidat sur sa **formation** et son **projet professionnel** permettant au jury d'apprécier sa **capacité à s'intégrer dans l'environnement** professionnel au sein duquel il est appelé à travailler, sa **motivation** et son **aptitude** à exercer les missions dévolues aux membres du cadre d'emplois. **Durée : 20 min, dont 5 min au plus d'exposé** (coef. 1)	L'épreuve d'admission consiste en un entretien ayant pour point de départ un **exposé** du candidat **sur les acquis de son expérience professionnelle** et permettant au jury d'**apprécier sa motivation et son aptitude à exercer les missions** dévolues aux membres du cadre d'emplois. **Durée : 20 min, dont 5 min au plus d'exposé** (coef. 1)	L'épreuve d'admission consiste en un entretien ayant pour point de départ un **exposé** du candidat **sur les acquis de son expérience professionnelle** et permettant au jury d'apprécier **sa motivation, son aptitude à exercer les missions** dévolues aux membres du cadre d'emplois ainsi que sa capacité à s'intégrer dans l'environnement professionnel au sein duquel il est appelé à travailler. **Durée : 20 min, dont 5 min au plus d'exposé** (coef. 1)

Concours	Externe	Interne	3e concours
Filière animation ANIMATEUR PRINCIPAL 2e classe	Entretien ayant pour point de départ un **exposé** du candidat sur sa **formation et son projet professionnel** et permettant au jury d'apprécier ses **connaissances en matière d'animation sociale, socio-éducative ou culturelle**, sa **motivation** à exercer les missions dévolues aux membres du cadre d'emplois et son **aptitude à l'encadrement**. **Durée : 20 min, dont 5 min au plus d'exposé** (coef. 1)	Entretien ayant pour point de départ un **exposé** du candidat sur les **acquis de son expérience professionnelle** et permettant au jury d'apprécier ses **connaissances**, sa **motivation** à exercer les missions dévolues aux membres du cadre d'emplois et son **aptitude à l'encadrement**. **Durée : 20 min, dont 5 min au plus d'exposé** (coef. 1)	Entretien ayant pour point de départ un **exposé** du candidat sur les acquis de son expérience professionnelle et permettant au jury d'apprécier ses **connaissances, sa capacité à s'intégrer dans l'environnement** professionnel au sein duquel il est appelé à travailler, sa **motivation** à exercer les missions dévolues aux membres du cadre d'emplois et son **aptitude à l'encadrement**. **Durée : 20 min, dont 5 min au plus d'exposé** (coef. 1)

CONCOURS	EXTERNE	INTERNE	3E CONCOURS
Filière administrative ATTACHÉ	Un entretien visant à apprécier, le cas échéant sous forme d'une **mise en situation professionnelle**, les **connaissances administratives générales** du candidat et sa capacité à les exploiter, sa **motivation** et son **aptitude** à exercer les missions dévolues au cadre d'emplois, notamment dans la spécialité choisie. **Durée : 20 min** (coef. 4)	Un entretien débutant par une **présentation** par le candidat de son **expérience professionnelle** et des **compétences qu'il a acquises** à cette occasion. Cet entretien est suivi d'une conversation visant à apprécier, le cas échéant sous forme **d'une mise en situation professionnelle**, la capacité du candidat à **analyser son environnement professionnel** et à résoudre les **problèmes techniques ou d'encadrement les plus fréquemment** rencontrés par un attaché. Cette épreuve doit permettre au jury d'apprécier l'expérience professionnelle du candidat, sa motivation et son aptitude à exercer les missions dévolues au cadre d'emplois, notamment dans la spécialité choisie. **Durée : 25 min, dont 10 min au plus de présentation** (coef. 5)	Un entretien ayant pour point de départ un **exposé** du candidat sur son **expérience** et les **compétences qu'il a acquises** à cette occasion, sur la base d'un document retraçant son parcours professionnel, remis par le candidat au moment de l'inscription et établi conformément à un modèle fixé par arrêté du ministre chargé des collectivités territoriales. L'entretien vise ensuite à évaluer, le cas échéant sous forme d'une **mise en situation professionnelle**, la capacité du candidat à **s'intégrer dans l'environnement professionnel** au sein duquel il est appelé à exercer, sa **motivation** et son **aptitude** à exercer les missions dévolues au cadre d'emplois, notamment dans la spécialité choisie. **Durée : 25 min, dont 10 min au plus d'exposé** (coef. 5)

CONCOURS	SUR TITRES
Filière médico-sociale CONSEILLER SOCIO-ÉDUCATIF	Entretien, ayant pour point de départ un **exposé** du candidat sur les **acquis de son expérience professionnelle**, permettant au jury d'apprécier les facultés **d'analyse et de réflexion** du candidat, sa **motivation** à exercer les missions dévolues aux membres du cadre d'emplois et **son aptitude à l'encadrement**. **Durée : 25 min, dont 10 min au plus d'exposé** (coef. 4)

EXAMEN PROFESSIONNEL	
Filière administrative RÉDACTEUR PRINCIPAL 1re classe	Un entretien ayant pour point de départ un **exposé** du candidat sur les **acquis de son expérience professionnelle** ; il se poursuit par des **questions** permettant d'apprécier les facultés **d'analyse et de réflexion** du candidat ainsi que son **aptitude et sa motivation** à exercer les missions incombant aux membres du cadre d'emplois et à **encadrer une équipe**. **Durée : 20 min, dont 5 min au plus d'exposé** (coef. 1)

Examen professionnel	
Filière administrative **ATTACHÉ PRINCIPAL**	Entretien ayant pour point de départ un **exposé** du candidat sur son **expérience professionnelle**. L'entretien vise ensuite à apprécier les aptitudes de l'intéressé, en particulier en matière **d'encadrement**, ses **connaissances administratives générales**, notamment sur le fonctionnement et les activités des collectivités territoriales ainsi que sa **motivation** à exercer les fonctions généralement assumées par les attachés territoriaux principaux. **Durée : 20 min, dont 5 min au plus d'exposé** (coef. 1)

Examen Professionnel	
Filière animation **ANIMATEUR TERRITORIAL PRINCIPAL** **1re CLASSE**	Un entretien ayant pour point de départ un exposé du candidat sur les **acquis de son expérience ;** il se poursuit par des **questions** permettant d'apprécier ses **connaissances professionnelles**, ses capacités **d'analyse et de réflexion** ainsi que sa **motivation et son aptitude** à exercer des **missions d'encadrement**. **Durée : 20 min, dont 5 min au plus d'exposé** (coef. 2)

L'intitulé de cette épreuve ne doit pas vous égarer. L'épreuve ne consiste **pas en une conversation à bâtons rompus** avec un jury, mais elle repose, après votre exposé de présentation de votre parcours ou projet professionnel, sur un échange, à partir d'une série de questions, avec le jury, destiné à apprécier vos aptitudes à exercer les missions dévolues au cadre d'emplois ou grade auquel vous souhaitez accéder.

L'épreuve va donc se dérouler généralement en deux temps : **d'abord votre exposé**, **étape cruciale**, car ce temps vous appartient, il va donner une première « photographie » de vous-même, et surtout, le jury va immédiatement être en mesure d'apprécier si vous avez ou non préparé votre présentation ; il sanctionnera donc sévèrement tout manque de préparation. Ensuite, **l'échange avec le jury** qui ainsi va, d'une certaine manière reprendre la main sur le déroulement de l'épreuve.

Le libellé réglementaire de l'épreuve ne prévoit ni sujet tiré au sort ni temps de préparation ; aussi, les questions posées par le jury appellent des réponses « en temps réel », sans préparation de votre part.

Vous n'êtes pas autorisé à utiliser quel que document que ce soit (ni CV, ni document présentant votre expérience professionnelle) pendant le déroulé de l'épreuve.

Généralement, l'entretien va être précédé d'une très brève présentation des membres du jury : information sur les fonctions exercées, mais sans précision sur leur identité ; vous ne connaîtrez pas le nom des membres du jury, ni l'identité de la structure dans laquelle ils exercent leurs missions. Les membres du jury vous rappellent également succinctement les modalités du déroulement de l'épreuve. Puis, le découpage du temps réglementaire va commencer : les membres du jury vont déclencher un minuteur leur permettant alors de vérifier le temps réglementaire de cette épreuve.

Vous disposez de la totalité du temps réglementaire de l'épreuve ; aussi, l'entretien pourra être interrompu, mais **uniquement sur votre demande expresse**.

2 | Un jury

Le jury plénier comprend réglementairement trois collèges égaux (élus locaux, fonctionnaires territoriaux, personnalités qualifiées). Il peut se scinder en groupes d'examinateurs.

Un groupe d'examinateurs peut par exemple être composé d'un adjoint au maire en charge des questions sociales, d'un directeur de CCAS, d'un DGAS « Services population », d'un DGS.

Vous devez bien mesurer la retenue que vous impose votre qualité de candidat face à un jury souverain : la familiarité, l'agressivité sont évidemment proscrites. Le jury, pour sa part, se doit d'accueillir vos réponses avec empathie ou du moins une totale neutralité, qui ne préjuge en rien de la note qu'il vous attribuera à l'issue du temps réglementaire.

3 | Un découpage précis du temps

Le jury adopte une grille d'entretien conforme au libellé réglementaire de l'épreuve, qui peut être ainsi précisée :
1. exposé du candidat ;
2. entretien visant à évaluer les aptitudes, le savoir-faire, la posture professionnelle ;
3. motivation, savoir-être.

1. Un exposé chronométré

Vous disposez réglementairement de **5 ou 10 minutes maximum, selon la catégorie A ou B, et s'il s'agit d'un concours ou examen professionnel** et ce, sans être interrompu. Comme vous n'avez pas la possibilité de vous appuyer sur un support écrit, vous devez **impérativement préparer** cet exposé.

Si votre exposé dépasse le temps réglementaire imparti – 5 ou 10 minutes –, vous serez interrompu par le jury au terme de ce temps. Le jury va alors considérer votre présentation comme inachevée et vous serez pénalisé.

En effet, vous n'avez pas rempli les termes impartis du contrat, alors que vous avez tout le temps nécessaire pour préparer, depuis des mois, votre exposé.

Il en va de même d'un exposé excessivement court – moins de 3 minutes ou moins de 7 minutes.

Lorsque l'exposé n'atteint pas les 5 minutes, le jury, s'étant assuré que le candidat a achevé celui-ci, passe à la phase « échange » de l'épreuve.

La maîtrise du temps est donc indispensable.

2. Un exposé sur le parcours, l'expérience, le projet professionnel

Il ne convient pas de réciter un discours appris par cœur. Cela va nuire à la qualité de votre prestation.

Les attentes du jury sont les suivantes :
- la mise en avant de vos différentes formations, stages, voire de vos activités antérieures au(x) diplôme(s) obtenu(s) ;
- les raisons qui vous ont incité à choisir d'œuvrer pour le service public, les raisons qui vous poussent à vouloir intégrer la fonction publique territoriale ;
- la mise en avant de votre expérience professionnelle, au travers des différentes fonctions exercées ;

– la mise en avant de votre motivation, à continuer d'œuvrer pour le service public et donc votre motivation à passer le dit concours/examen professionnel ; comment vous vous projetez dans l'avenir à court et moyen terme ;
– la mise en avant de votre projet professionnel, des missions que vous voulez exercer, des responsabilités que vous voulez prendre.

Vous devez ainsi valoriser votre expérience et les compétences acquises tout au long de votre parcours professionnel en sachant dépasser une simple énumération chronologique. Il est ainsi essentiel que vous valorisiez vos savoir-faire, savoir-être et savoir-faire faire d'ores et déjà acquis.

Vous serez évalué sur votre capacité à rendre compte clairement de votre expérience, de vos compétences et aptitudes professionnelles, à faire comprendre votre projet professionnel, votre motivation pour passer le dit concours/examen professionnel. Vous serez évalué également sur votre posture professionnelle, liée à la catégorie d'emplois.

Vous devez prendre soin d'équilibrer votre propos tout en mettant davantage en exergue, selon l'intitulé réglementaire de chaque concours/examen professionnel, soit votre formation, vos stages et votre projet professionnel, soit votre expérience professionnelle et votre projection professionnelle.

Votre exposé va se découper généralement en **trois temps : le passé, le présent et le futur.**

Votre exposé doit donc être structuré.

ATTENTION Quand l'intitulé réglementaire de l'épreuve ne prévoit pas d'exposé préalable de parcours professionnel, les membres du jury vont généralement commencer l'entretien en posant une première question, par exemple :
- Expliquez-nous vos missions actuelles.
- Pourquoi êtes-vous motivé(e) par le fait de passer ce concours/examen professionnel ?
- Quels sont les acquis de votre expérience professionnelle ?

Donc, il importe que, même dans le cas où il n'y a pas de présentation prévue du parcours professionnel, vous anticipiez vos réponses au sujet de : votre formation initiale et vos missions antérieures, vos missions actuelles, votre motivation à passer ledit concours/examen professionnel, les acquis de votre expérience.

4 | Le déroulé de l'entretien proprement dit

1. Des questions sous forme de mises en situation professionnelle

Le jury va vous poser des questions portant sur **les projets** que vous avez mis en place, des questions impliquant, de votre part, une réflexion sur le **rôle et le positionnement, sur vos savoir-faire professionnels**.

Les principales questions d'actualité liées au « cœur de métier » du cadre d'emplois ou du grade auquel vous voulez accéder ainsi que les grands principes de l'action publique territoriale, dans le domaine de la filière dont relève le cadre d'emplois ou le grade que vous visez, doivent être connus des candidats.

Le jury va ainsi évaluer votre rapport à l'institution dans vos pratiques professionnelles, votre capacité à vous projeter clairement dans les missions confiées au cadre d'emplois ou au grade que vous souhaitez intégrer.

Le jury va **également et principalement** évaluer votre capacité à devenir un futur encadrant, un futur manager.

Au travers de cette épreuve orale, le jury entend évaluer, chez vous, d'autres qualités que celles nécessaires à la réussite de (des) l'épreuve(s) écrite(s). À travers l'expression orale, le jury vous voit en situation d'éventuel collaborateur. Savez-vous communiquer ? Savez-vous persuader ? Comment vous comportez-vous dans une présentation et une discussion où vous allez révéler votre caractère, votre personnalité, vos qualités humaines, votre présence d'esprit, votre capacité à réagir ?

L'entretien doit donc permettre d'apprécier vos facultés d'analyse et de réflexion, vos aptitudes à exercer les missions du cadre d'emplois ou du grade, votre capacité de recul et votre posture professionnelle en tant que futur encadrant.

2. Des questions sur les connaissances administratives générales, sur les connaissances de l'environnement territorial

L'aptitude à exercer les missions dévolues au cadre d'emplois implique également de votre part une connaissance de l'environnement professionnel, prouvant par là même votre motivation et votre sens du service public et plus particulièrement du service public local.

La connaissance des collectivités territoriales est ainsi indispensable, le jury vérifiant la maîtrise de connaissances basiques qu'un citoyen éclairé et *a fortiori* un fonctionnaire territorial ne sauraient ignorer. Vous devez ainsi être particulièrement **attentif aux questions d'actualité**.

Par conséquent, les questions, pouvant prendre la forme de mises en situation professionnelle, peuvent notamment porter sur les thèmes ci-après, donnés ici à titre indicatif et qui ne sauraient constituer un programme réglementaire :

– Décentralisation et déconcentration.
– Les collectivités territoriales et leurs établissements publics : leurs organes, leur organisation et leurs principales compétences.
– L'intercommunalité.
– Les droits et obligations des fonctionnaires.
– La fonction publique territoriale.
– Les instances du dialogue social.
– La filière médico-sociale (métiers, missions, positionnement des agents).
– Notions en matière de finances publiques locales.
– Les moyens juridiques d'action des collectivités territoriales, la commande publique (marchés publics).
– Les modes de gestion des services publics.
– Le contrôle de légalité des actes des collectivités territoriales.
– La démocratie locale.
– Les relations entre l'administration et les administrés.
– Notions sur les politiques publiques sectorielles, dans le domaine social, des collectivités territoriales.
– L'évaluation des politiques publiques.

Le champ des questions est donc assez vaste. Aussi, il importe, pour optimiser ses chances de réussite, de commencer au moins 2 ou 3 mois, **avant les épreuves écrites**, à préparer l'oral. Faites chaque semaine une fiche thématique, à partir du « programme » ci-dessus. Vous apprenez au fur et à mesure, chaque fiche, afin de ne pas « engorger » la mémoire. Préparez l'oral demande un investissement temps, d'environ 2 à 3 heures par semaine, et donc une certaine régularité.

Il se peut que vous ne sachiez pas répondre à une des questions posées par le jury. Dans ce cas, il ne faut pas faire semblant de savoir, il vaut mieux reconnaître simplement et honnêtement que vous n'avez pas réponse à cette question tout en réfléchissant à une réponse possible.

Vous pouvez tout à fait dire : « Je ne peux pas répondre précisément à votre question, mais on peut peut-être aborder ce problème sous un autre angle... ».

Le jury n'attend pas du candidat qu'il ait réponse à tout mais apprécie de le voir réfléchir, se poser les bonnes questions.

5 | Une motivation, un savoir-être et un potentiel appréciés tout au long de l'épreuve

Tout au long de l'entretien, le jury cherche à évaluer si le candidat est réellement motivé et prêt à exercer les responsabilités confiées à un assistant socio-éducatif, s'il dispose d'un réel potentiel pour accéder à ce cadre d'emplois et y faire carrière, s'il a un intérêt pour le monde qui l'entoure, notamment pour l'évolution de l'administration territoriale, par exemple à travers des qualités de comportement telles que le dynamisme, la curiosité intellectuelle et l'ouverture d'esprit. Cela suppose du candidat **une capacité à se projeter**.

On mesure ici que cette épreuve orale peut, d'une certaine manière, même si la finalité de l'épreuve n'est pas de recruter un candidat sur un poste bien déterminé, s'apparenter à un entretien de recrutement : le jury s'assure que le candidat est apte à assumer les missions du cadre d'emplois auquel il prétend accéder ; le jury évalue si le candidat répond de façon satisfaisante aux attentes de la déontologie et de la posture professionnelle du cadre d'emplois.

Les membres du jury vont souvent se placer dans une position d'employeur : s'il s'agissait d'un entretien de recrutement en vue de pourvoir un poste confié à un assistant socio-éducatif, ou un rédacteur ou un attaché, ce que dit ce candidat, sa manière de se comporter conduiraient-ils à l'engager ? Au-delà de ses connaissances, fait-il la preuve des aptitudes et des qualités humaines et intellectuelles indispensables pour exercer les fonctions d'un assistant socio-éducatif et répondre au mieux aux attentes de sa hiérarchie, des agents qu'il pourrait être amené à encadrer, et des usagers du service public ?

L'épreuve va ainsi vous permettre de faire la preuve des compétences suivantes :

- **Gérez votre temps :**
  – en inscrivant l'exposé sur votre **expérience**, vos **compétences** et votre **projet professionnel** dans le temps imparti ;
  – en présentant un exposé équilibré.

- **Soyez cohérent :**
  – en annonçant un plan d'exposé sur l'expérience et les compétences réellement suivi ;
  – en veillant à ne pas dire une chose puis son contraire ;
  – en sachant défendre vos idées et ne pas donner systématiquement raison à un contradicteur ;

– en sachant convenir d'une « absurdité » ;
– en sachant être rigoureux dans votre raisonnement et solide dans votre argumentation.

- **Gérez votre émotivité, votre stress :**
– en apportant des réponses sans précipitation excessive, sans hésitations préoccupantes ;
– en sachant garder, même si vous vous trouvez en difficulté sur une question, une confiance en vous, une sérénité et un sang-froid suffisants pour la suite de l'entretien.

- **Valorisez l'essentiel :**
– en hiérarchisant les informations qui vous mettent en valeur, par exemple un projet d'une certaine importance ;
– en évitant une présentation de parcours professionnel exclusivement chronologique, sans mise en avant des acquis de l'expérience, tant en termes de savoir-être que de savoir-faire et savoir faire faire ;
– en évitant une énumération des différentes tâches exercées, sans regroupement thématique et structuré (compétences en termes de gestion administrative, compétences en termes de gestion et contrôle financier, compétences en termes de management, compétences en termes d'animation de projets).

- **Communiquez :**
– en ayant réellement le souci d'être compris, grâce à une expression claire ;
– en vous exprimant à haute et intelligible voix ;
– en adoptant une élocution ni trop rapide, ni trop lente ;
– en vous adressant à l'ensemble du jury sans privilégier abusivement un seul interlocuteur ;
– en sachant faire partager au jury une certaine aisance.

- **Appréciez justement sa hiérarchie :**
– en adoptant un comportement adapté à votre condition de candidat face au jury ;
– en sachant ne pas être péremptoire, excessivement sûr de vous, ni contester les questions posées ;
– en sachant argumenter en cas de désaccord avec le jury, tout en étant nuancé.

- **Mettez en œuvre curiosité intellectuelle et esprit critique :**
– en manifestant un réel intérêt pour l'actualité et une ouverture d'esprit ;
– en sachant opposer des arguments fondés à ceux du jury ;
– en sachant profiter d'une question pour valoriser des connaissances pertinentes ;
– en sachant démontrer la multiplicité de vos centres d'intérêt.

- **Prouvez votre potentiel de futur cadre/manager :**
– en ayant la pleine mesure du rôle d'un cadre/manager ;
– en sachant analyser les situations avec objectivité et sagacité ;
– en sachant vous positionner dans le processus décisionnel.

Vous devez être particulièrement convaincant et *in fine* ne laisser subsister aucun doute dans l'esprit des membres du jury quant à la qualité et à la crédibilité de votre prestation. À l'issue de cet entretien oral, il faut que les membres du jury puissent naturellement aboutir à la conclusion suivante : ce candidat « mérite » d'être admis.

PARTIE 2

L'environnement territorial

catégories A et B

Le service public

Questions corrigées

1. Qu'est-ce que le service public ?

■ La notion de **service public** occupe une place fondamentale dans l'administration française. Le terme « **service public** » désigne à la fois une activité d'intérêt général et une structure organisationnelle.

C'est ainsi une activité, une mission remplie par l'administration ou sous sa responsabilité dans le but de satisfaire **l'intérêt général,** c'est-à-dire un besoin collectif (éducation, enseignement, sécurité, santé).

C'est aussi un mode d'organisation consistant, de façon directe ou indirecte, à faire prendre en charge ces activités d'intérêt général par des personnes publiques (État, collectivités territoriales, établissements publics) ou des personnes privées mais sous le contrôle d'une personne publique.

■ Le service public remplit **quatre fonctions principales** : des fonctions d'ordre (défense nationale, justice, protection civile, etc.), des fonctions de protection sanitaire et sociale (Sécurité sociale, service public hospitalier, etc.), des fonctions éducative et culturelle (enseignement, recherche, service public audiovisuel, etc.) des fonctions à caractère économique.

■ Le régime juridique du service public est organisé autour de cinq grands principes (cf. question 2 ci-après).

2. Quels sont les grands principes du service public ?

Le service public obéit juridiquement à **cinq grands principes :**

- Le **principe d'égalité d'accès et de traitement** : les administrés d'une même catégorie doivent être traités de façon identique, à situation égale (pas de discrimination entre les usagers). Mais égalité ne signifie pas uniformité. Pour assurer une égalité d'accès à certains services (piscines, activités périscolaires, etc.), le tarif va varier selon des tranches de revenus. C'est un principe de valeur constitutionnelle.

- Le **principe de continuité** : un fonctionnement régulier et ininterrompu afin de répondre aux besoins d'intérêt général. Ainsi, les services administratifs doivent respecter les horaires d'ouverture affichés. Le principe de continuité est un principe de valeur constitutionnelle.

  Cependant, ce principe est à concilier avec un autre principe, également constitutionnel, le droit de grève. La plupart des agents des services publics disposent de ce droit, à l'exception de certaines catégories pour lesquelles la grève est interdite (policiers, militaires, etc.) ou limitée par un service minimum (service hospitalier, enseignement primaire).

- Le **principe de mutabilité/adaptabilité** : l'activité doit pouvoir évoluer pour s'adapter aux besoins de la population ; c'est un gage d'efficacité. L'activité doit gagner en efficience et modernité : souplesse d'organisation des services, utilisation des nouvelles technologies de l'information et de la communication (NTIC), guichet unique virtuel, e-administration, etc.

- Le **principe d'accessibilité :** cela signifie d'abord l'accessibilité en termes d'implantation **géographique**. Cela signifie ensuite la **simplicité** et donc l'existence de procédures ou de textes clairs et compréhensibles. L'effort de simplification et de clarification administrative est un levier essentiel de l'amélioration de la relation des services publics avec leurs usagers. Cela signifie également le principe de **l'accessibilité de tout citoyen aux ERP** (établissements recevant du public) ainsi qu'aux nouvelles technologies de l'information et de la communication.

- Le **principe de neutralité** : c'est le corollaire du principe d'égalité et de laïcité. Cela signifie le libre accès de tout citoyen-usager aux services publics sans discrimination. Cela implique l'impartialité des agents publics et l'interdiction de toute discrimination fondée sur les convictions politiques, philosophiques, religieuses, syndicales ou tenant à l'origine sociale, au sexe, à l'état de santé, au handicap ou à l'origine ethnique.

Le service public « à la française » doit aussi s'adapter aux évolutions du droit communautaire.

3. Expliquez le principe de laïcité.

■ La laïcité est un fondement de la République française (cf. Déclaration des droits de l'homme et du citoyen de 1789) : « **Les hommes naissent et demeurent libres et égaux en droits [...] Nul ne doit être inquiété pour ses opinions, même religieuses, pourvu que leur manifestation ne trouble pas l'ordre public établi par la loi.** »

■ En 1905, conformément à la loi de séparation de l'Église et de l'État, « la République ne reconnaît, ne salarie ni ne subventionne aucun culte ».

■ En 1946, le principe de laïcité est inscrit dans le préambule de la Constitution.

■ La laïcité, c'est l'obligation de l'État de ne pas intervenir dans les convictions de chacun et l'égalité de tous devant la loi, quelle que soit leur religion. Cela implique la liberté de conscience et de culte, la libre organisation des Églises, leur égalité juridique, le droit à un lieu de culte, la neutralité des institutions envers les religions, ainsi que la liberté d'enseignement.

■ **C'est donc un fondement de la République française.**

■ **La laïcité, c'est d'abord un impératif de neutralité :**

- La **neutralité des lieux, des locaux** : interdiction par la **loi de mars 2004** de porter au sein des établissements scolaires des signes par lesquels on reconnaît immédiatement l'appartenance religieuse (voile islamique, kippa, croix de dimension excessive, etc.) ; interdiction, par la **loi du 10 octobre 2010**, de dissimuler son visage dans l'espace public, à savoir sur les voies publiques, dans les lieux ouverts au public ou affectés à un service public ; le non-respect de cette interdiction est puni d'une amende. Il est toutefois à préciser que cette loi du 11 octobre 2010 n'est pas une loi de laïcité mais **une loi d'ordre public**. Charte des services publics **du 13 avril 2007** qui interdit aux usagers de faire du prosélytisme dans les lieux publics.

- La **neutralité des interventions des collectivités** : les collectivités territoriales ne peuvent pas subventionner, financer sur leurs propres budgets l'exercice d'un culte ; elles peuvent toutefois inscrire des dépenses relatives à des services d'aumônerie et destinées à assurer le libre exercice des cultes dans les établissements publics d'enseignement (écoles, collèges, lycées), les hôpitaux, asiles et prisons ; les collectivités sont toutefois tenues d'entretenir les lieux de culte dont elles sont propriétaires.

- Le **principe de neutralité des agents publics** : les agents concourent à l'exécution de missions de service public, les agents sont donc tenus au respect du principe de neutralité ; ils ne doivent pas manifester leurs croyances religieuses, ni faire de prosélytisme. Le non-respect de la règle de neutralité constitue une faute personnelle, passible d'une sanction disciplinaire. De plus, au nom de la protection du droit des usagers, les agents du service public ont interdiction de privilégier ou de dénigrer tout citoyen en raison de ses opinions philosophiques ou spirituelles.

■ La laïcité, c'est aussi le respect de toutes les croyances :

– **côté usagers** : les usagers sont égaux devant le service public ; ils ont le droit d'exprimer leur conviction religieuse, tout en respectant le bon ordre, la sécurité et la tranquillité publique. Les usagers qui sont accueillis à temps complet dans un service public, tels les établissements médicaux-sociaux, hospitaliers ou pénitentiaires ont droit au respect de leurs croyances et peuvent participer à l'exercice de leur culte ;

– **côté agents** : les chefs de service peuvent accorder des autorisations d'absence nécessaires aux agents publics désireux de participer aux cérémonies célébrées à l'occasion des principales fêtes propres à leur confession ; ces absences doivent demeurer compatibles avec les nécessités du service.

■ La jurisprudence du Conseil d'État, en 2012, a apporté des assouplissements dans l'application de la loi de 1905, au nom de la notion « d'intérêt public local » :

– possibilité pour les collectivités de participer aux financements de projets en rapport avec des édifices ou des pratiques ;

– possibilité pour les collectivités de conclure avec une association un bail emphytéotique pour la construction d'un édifice religieux ;

– possibilité de carrés confessionnels dans les cimetières.

■ **En avril 2013**, est créé, auprès du Premier ministre, **l'Observatoire de la laïcité**. Il a trois compétences principales : la production d'analyses, d'études et de recherches permettant d'éclairer les pouvoirs publics sur les enjeux liés à la laïcité ; la proposition de mesures pour mieux assurer l'information des agents publics et des usagers des services publics sur la laïcité ; la possibilité d'être consulté par le Premier ministre ou les ministres sur des projets de textes législatifs ou réglementaires.

■ **En septembre 2013** est publiée la Charte de la laïcité à l'école, à l'intention des personnels, des élèves et de l'ensemble des membres de la communauté éducative. L'objectif est de rappeler les règles qui permettent de vivre ensemble dans l'espace scolaire et d'aider chacun à comprendre le sens de ces règles, à se les approprier et à les respecter. Cette charte a été affichée dans tous les écoles, collèges et lycées français.

■ La France se caractérise donc aujourd'hui par une diversité culturelle plus grande que par le passé. La question de la laïcité est donc d'une forte actualité, au titre du bien vivre ensemble et de la fraternité républicaine.

4. Quels sont les différents modes de gestion du service public ?

■ Les collectivités territoriales et leurs groupements sont libres de choisir les modes de gestion pour exploiter leurs services publics. Cette liberté de choix découle du principe constitutionnel de libre administration des collectivités territoriales.

■ Il existe deux grands modes de gestion : la **gestion du service par une personne publique** ou bien la **gestion déléguée**.

■ Toutefois, à titre exceptionnel, la loi peut imposer un mode particulier de gestion (pour les services départementaux d'incendie et de secours). De plus, le Conseil d'État a identifié certaines missions qui ne peuvent pas faire l'objet d'une délégation à une personne privée, à savoir :

- les missions de service public assurées par les collectivités territoriales au nom et pour le compte de l'État comme l'état civil, les élections, les obligations militaires ;
- les missions de service public qui relèvent de l'exécution même du pouvoir régalien des collectivités locales comme les pouvoirs de police, de sécurité et d'hygiène ;
- l'exercice du pouvoir de réglementation ou d'organisation interne des collectivités.

■ **La gestion par une personne publique :** cette gestion s'effectue selon deux formes possibles : la régie directe, le service est directement géré par la collectivité avec ses propres moyens financiers, matériel et ses propres agents. La gestion du service peut aussi se faire par la « **régie indirecte** » : le service est géré par un établissement public administratif – CCAS, caisse des écoles, etc. – ou un établissement public industriel et commercial – eau, transport, assainissement, etc.

■ **La gestion par une personne privée :** on parle alors de **gestion déléguée** ; cette gestion peut s'effectuer selon deux formes possibles. La première consiste à confier de par la loi la gestion d'un service public (fédérations sportives par exemple), c'est la **délégation unilatérale**. La seconde consiste à confier la gestion du service public à une personne privée dans le cadre d'un contrat, c'est la **délégation contractuelle**.

■ La **délégation contractuelle** comporte **deux grandes catégories de contrats** : le **marché public** ou la **délégation de service public**.

- Le **marché public** : c'est un contrat administratif, conclu à titre onéreux, entre le pouvoir adjudicateur (collectivité territoriale ou établissement public local) et un opérateur économique public ou privé, pour répondre aux besoins du premier en matière de travaux, de fournitures ou de services.
  C'est le Code des marchés publics qui s'applique et la collectivité n'a pas le choix, à l'issue de la procédure, de son délégataire ; le CMP imposant de retenir l'offre économiquement la plus avantageuse.

– La **délégation de service public (DSP)** : c'est un contrat administratif par lequel le titulaire a sa rémunération assurée substantiellement par les résultats de l'exploitation. C'est donc le critère de la rémunération qui différencie marché public et délégation de service public. Le titulaire est une **personne privée**. Il y a principalement **trois formes différentes** : la **concession**, l'**affermage** et la **régie intéressée**.

• La **concession** : c'est la forme la plus utilisée ; la personne publique (le concédant) confie, sous son contrôle, à une personne, en principe privée (le concessionnaire) la gestion d'un service public ; le concessionnaire doit construire l'ouvrage ou les équipements nécessaires, il gère à ses risques et périls, se rémunère sur l'usager, il a droit à l'équilibre financier du contrat. À la fin de la durée du contrat, il remet gratuitement l'ouvrage, l'équipement à la personne publique. Le choix du concédant s'effectue en application de la loi du 29 janvier 1993 (loi Sapin).

• L'**affermage** : la personne publique confie à une personne privée (le fermier) la gestion d'un service public ; la collectivité remet au fermier, qui les exploite à ses risques et périls, les équipements et installations nécessaires au fonctionnement du service ; le fermier ne supporte donc pas les frais de première installation ; il se rémunère directement sur l'usager en contrepartie de la prestation fournie, mais doit verser un « loyer » à la personne publique qui est liée au droit de gérer le service public et à la jouissance des installations.

• La **régie intéressée** : la personne publique confie à une personne privée (le régisseur) la gestion et le fonctionnement d'un service public ; sa rémunération n'est pas liée aux résultats financiers, mais elle est forfaitaire, tout en pouvant varier ; le régisseur assume faiblement le risque lié à l'exploitation du service.

■ De nouvelles formes de délégation se sont développées ces dernières années, notamment au travers de **quatre types de partenariats** : la **coopération locale**, les **groupements d'intérêt public** (GIP) et les **contrats de partenariat public-privé**.

– La **coopération locale** : c'est la possibilité donnée aux collectivités locales de s'unir pour exercer, en commun, une ou plusieurs missions de service public, par la création des établissements publics de coopération (EPCI) : SIVU, SIVOM, communautés de communes, communautés d'agglomération, communautés urbaines, syndicats mixtes, etc.

– Les **groupements d'intérêt public** (GIP) : c'est le regroupement de plusieurs collectivités partenaires dans la gestion d'une activité partagée, notamment dans les domaines culturel, social, sportif, touristique ; les collectivités peuvent y associer des personnes privées.

– Les **contrats de partenariat public-privé** : ce type de contrat a été créé par l'ordonnance du 17 juin 2004. Une personne publique confie à un tiers, généralement une personne privée, une mission globale relative au financement d'ouvrages ou d'équipements nécessaires au service public, à leur entretien, à leur exploitation ou leur gestion. Il s'agit de faire financer, par le secteur privé, la réalisation d'équipements publics s'inscrivant dans **un projet complexe**, difficile à maîtriser par la seule collectivité, ou bien s'inscrivant dans **un contexte**

d'urgence. Mais la gestion même du service n'est pas confiée à la personne privée. On comptabilise environ 150 PPP (montant de 4,08 milliards d'euros). Le 11 février 2015, dans son rapport public annuel, la Cour des comptes a dressé un **bilan très mitigé des PPP**.

La **SEMOP** (société d'économie mixte à opération unique – loi du 1er juillet 2014) : c'est une nouvelle forme de coopération public-privé institutionnelle locale, composée de deux actionnaires au moins, une seule collectivité ou EPCI (détenant entre 34 % et 85 % du capital) et un ou plusieurs « opérateurs économiques » (détenant entre 15 % et 66 % du capital). La SEMOP va être chargée soit de la réalisation d'une opération de construction, d'aménagement, soit de la gestion d'un service public, pouvant inclure la construction des ouvrages ou l'acquisition des biens nécessaires au service, soit de toute autre opération d'intérêt général relevant de la compétence de la collectivité territoriale ou de l'EPCI. La SEMOP est liée à la durée du contrat, elle est donc dissoute à échéance du contrat. L'objectif est d'assurer une bonne implantation au plan local d'un projet d'envergure avec une responsabilité financière et technique partagée.

La loi relative à la transition énergétique pour la croissance verte du 17 août 2015 a même instauré des **SEMOP d'initiative intégralement étatique**, en vue de l'attribution et de l'exécution de concessions hydroélectriques.

Une **ordonnance « concessions »** est entrée en vigueur au 1er avril 2016, avec un objectif de simplification et de rationalisation. Elle harmonise les règles applicables aux contrats de concession et met fin aux régimes juridiques relatifs aux concessions de travaux et aux délégations de service public.

Ainsi, les collectivités publiques peuvent imposer, dans les contrats de concession, le recours, pour l'exécution d'une partie des services ou travaux, à des petites et moyennes entreprises (PME), favorisant ainsi leur accès à la commande publique. Elles pourront également réserver leurs contrats à des travailleurs handicapés ou défavorisés.

5. Quels sont les grands principes de la fonction publique ?

■ La fonction publique française désigne l'ensemble des agents, titulaires et contractuels, occupant un poste au sein de la fonction publique d'État, d'une collectivité territoriale, ou des établissements publics de santé.

■ Les **trois principes fondamentaux** de la fonction publique sont les suivants :

– La **titularisation dans un grade** : le principe général est celui du recrutement par concours, afin de garantir une égalité d'accès et la qualité des recrutements.

Mais, parallèlement aux concours, la fonction publique offre d'autres modes d'accès ouverts sous certaines conditions, comme le PACTE, qui s'adresse aux jeunes de 16 à 25 ans, sortis du système éducatif sans diplôme ou qualification professionnelle, les emplois d'avenir. Un recrutement direct est également parfois proposé pour certains postes de catégorie C.

Le recrutement d'agents reconnus porteurs d'un handicap est également un des chantiers prioritaires de la fonction publique territoriale, qui doit compter au moins 6 % de travailleurs handicapés dans ses effectifs – stagiaires et prestations fournies par les ESAT compris.

Des aménagements particuliers sont apportés lors des concours ainsi que pour le maintien dans l'emploi, afin de valoriser les compétences des agents et favoriser l'accès aux postes correspondant à leurs compétences.

– Le **droit à la carrière** : tout au long de leur carrière, les agents publics disposent de possibilités d'évolution au sein de la fonction publique via l'avancement, mais aussi via les concours et examens professionnels internes qui permettent d'accéder à des catégories supérieures, soit dans la même collectivité, soit dans une autre collectivité, ou en changeant de fonction publique. Au titre de leur carrière, les agents publics ont des droits mais aussi des obligations.

– Le **droit à la mobilité** : depuis la loi du 3 août 2009, les fonctionnaires bénéficient d'un droit au départ en mobilité et d'outils rénovés pour accéder plus facilement à un emploi de même niveau, mais relevant d'une autre administration, d'une autre fonction publique ou du secteur privé (mise à disposition, détachement, intégration directe, etc.).

Le fonctionnement et l'organisation des collectivités territoriales

Questions corrigées

1. Quelles sont les principales compétences de la commune ?

■ La commune est la collectivité administrative de premier « niveau » de proximité.

■ Au **13 janvier 2016** (données INSEE), la France a vu le nombre de communes diminuer et passer en deçà de la « barre » des 36 000 communes, suite aux créations de 320 communes nouvelles. On est dorénavant à **35 585 communes**.

■ Les **principales compétences de la commune** peuvent être classées en deux grandes catégories, celles dites traditionnelles et celles résultant de la décentralisation.

■ Les **compétences traditionnelles** des communes :

– l'état civil, à savoir l'enregistrement des actes qui concernent les naissances, les mariages et les décès ;

– l'organisation des élections par le maire, au nom de l'État ;

– la protection de l'ordre public local (police municipale, circulation et stationnement, prévention de la délinquance) ;

– l'entretien des voies communales.

■ Les **compétences issues de la décentralisation** :

– en matière d'éducation, construction et entretien des écoles maternelles et élémentaires (compétence obligatoire) ; elle peut proposer un service public de restauration (compétence non obligatoire) ;

– en matière d'urbanisme et d'aménagement du territoire, le maire instruit et délivre les permis de construire ; il est en charge de l'élaboration des documents d'urbanisme qui portent les projets d'aménagement du territoire (PLU, ZAC) ;

– en matière environnementale, la commune entretient les espaces verts, assure la distribution de l'eau et l'assainissement ainsi que la collecte et le traitement des déchets ;

– dans le domaine culturel, la commune a la charge des musées et des bibliothèques municipales (compétence non obligatoire) et peut favoriser l'éducation et la création artistique ;

– dans le domaine sanitaire et social, la commune dispose de prérogatives importantes : gestion du CCAS (compétence obligatoire uniquement à partir de 1 500 habitants depuis la loi NOTRe du 7 août 2015), gestion des structures d'accueil de la petite enfance, des accueils de loisirs (compétence non obligatoire) ;

– en matière de sports et de loisirs, la commune finance et gère les équipements sportifs et peut verser des subventions à des clubs sportifs (compétence non obligatoire), elle assure la promotion touristique et finance les équipements qui y sont destinés (offices de tourisme).

- Avec la loi NOTRe, **le bloc communal conserve la clause de compétence générale** : il peut intervenir sur tous les sujets d'intérêt local dès lors qu'il ne s'agit pas d'une compétence relevant exclusivement d'une autre collectivité.

2. Quelles sont les principales compétences du département ?

■ La France compte **96 départements** en métropole et **5 outre-mer** (Guadeloupe, Guyane, Martinique, La Réunion et Mayotte). Par la **loi du 27 juillet 2011**, la Guyane et la Martinique ont été érigées en **deux collectivités territoriales uniques**, ayant à la fois des compétences départementales et des compétences régionales, avec une effectivité depuis le 1er janvier 2016.

■ La **loi du 2 mars 1982** fait du département une collectivité avec un exécutif propre, le président du conseil général (désormais appelé conseil départemental).

■ Le département est divisé en cantons qui servent chacun à l'élection d'un conseiller départemental, afin d'assurer la représentation de la diversité des territoires du département.

■ La **loi du 17 mai 2013** a supprimé le conseiller territorial et l'a remplacé par un **binôme paritaire élu dans un canton élargi**. Cette même loi a désigné l'assemblée délibérante (jusqu'alors « conseil général ») sous le nom de « **conseil départemental** ».

■ La réforme territoriale issue de la **loi NOTRe** (Nouvelle Organisation territoriale de la République) du **7 août 2015**, avec la suppression de la clause de compétence générale.

Les principales compétences du département sont dorénavant les suivantes :
– la loi NOTRe réaffirme le rôle de chef de file de l'**action sociale et des solidarités** : PMI, protection des mineurs, agrément des crèches ; RSA, aides aux handicapés, allocation personnalisée à l'autonomie (APA), MDPH, contribution à la résorption de la précarité énergétique ; élaboration d'un **schéma départemental d'amélioration de l'accessibilité des services**, pour renforcer l'offre de services dans les zones présentant un déficit d'accessibilité (art. 98 loi NOTRe). Ainsi, des **maisons de services au public** peuvent être créées, en remplacement des maisons de service public ;

– construction, équipement, entretien des collèges, équipement sportif des collèges ; gestion des personnels techniques ouvriers de services des collèges (environ 100 000 agents) ;

– seuls les **services de transport spécial des élèves handicapés** vers les établissements scolaires sont dorénavant à la charge du département ;

– construction, entretien de la voirie départementale ;

– SDIS, police de la circulation sur voirie départementale ;

– compétence culturelle : bibliothèques départementales de prêt, services d'archives départementales, musées, protection du patrimoine, etc.

Avec la loi NOTRe, le département détient, dans les domaines de la culture, du sport, du tourisme, de la promotion des langues régionales et de l'éducation populaire, une **compétence partagée** avec les communes, les régions et les collectivités à statut particulier (art. 103).

■ Pour **l'avenir des conseils départementaux**, trois solutions sont actuellement envisagées par le gouvernement :

– dans les départements dotés d'une métropole, la fusion des deux structures pourra être retenue ;

– lorsque le département compte des intercommunalités fortes, les compétences départementales pourront être assumées par une fédération d'intercommunalités ;

– enfin, dans les départements, notamment ruraux, où les communautés de communes n'atteignent pas la masse critique, le conseil départemental sera maintenu, avec des compétences clarifiées.

3. Quelles sont les principales compétences de la région ?

■ La région est la plus jeune des collectivités territoriales. Ses compétences ont été grandement augmentées, notamment avec la réforme du 13 août 2004.

■ Une nouvelle réforme d'importance, liée à la modernisation et rationalisation de l'action publique, modifie le nombre des régions. Ainsi, une carte à **13 régions** a été adoptée le **25 novembre 2014** : 6 régions demeurent toutefois inchangées, à savoir Bretagne, Pays-de-la-Loire, Centre, Île-de-France, Provence-Alpes-Côte d'Azur, Corse. Cette nouvelle carte est effective au 1er janvier 2016.

■ Avec la loi NOTRe, la région possède dorénavant des compétences exclusives et des compétences partagées avec les départements.

■ **Les compétences exclusives :**

– **Chef de file de l'action économique :**

• planification, programmation des équipements et aménagement du territoire ;

• attribution d'aides directes ou indirectes aux entreprises (politique d'incitation à l'implantation, à la création sous forme de prêts, avances ou primes) ; animation des pôles de compétitivité ;

• élaboration et exécution de la partie régionale du contrat de plan : objectifs à moyen terme du développement économique, social, et culturel de la région.

– **L'éducation et la formation professionnelle :**

• construction, équipement, entretien des lycées, équipement sportif des lycées ;

• formation professionnelle continue et apprentissages pour les jeunes et les adultes.

– **L'aménagement du territoire et des transports :**

• **au 1er janvier 2017** : la construction, l'aménagement et l'exploitation des gares publiques routières de voyageurs relevant du département (exception faite pour les régions Île-de-France et Auvergne-Rhône-Alpes sur le territoire de la métropole de Lyon) ; gestion des lignes ferroviaires d'intérêt local à des fins de transport de personnes ou de marchandises ;

• gestion des transports ferrés régionaux de voyageurs, schéma régional des transports, gestion (au 1er janvier 2017) des 272 ports préalablement de la compétence des départements, entretien et gestion des aérodromes civils ;

• **au 1er septembre 2017** : les transports routiers non urbains des personnes, réguliers ou à la demande ; les transports scolaires ; la desserte des îles ;

• plan régional d'élimination des déchets, réserves et parcs régionaux naturels ;

• schéma régional d'aménagement du territoire.

– **La gestion des programmes européens** (FEDER, FEADER et une partie du FSE) : les régions sont compétentes pour la gestion des fonds européens, depuis la loi « Maptam » de janvier 2014. Elles sélectionnent et coproduisent avec les autres collectivités les projets territoriaux.

- **Les compétences partagées avec les départements :**
  – tourisme (la région est désignée chef de file pour le tourisme) ;
  – culture, sport ;
  – promotion des langues régionales ;
  – éducation populaire ;
  – lutte contre la fracture numérique et aménagement numérique.

4. Que savez-vous d'une communauté de communes ?

■ Une communauté de communes est un établissement public de coopération intercommunale (**EPCI**) à fiscalité propre, regroupant plusieurs communes d'un seul tenant et sans enclave. Elle a été créée par la loi du 6 février 1992 relative à l'administration territoriale de la République, dite **loi ATR**. Elle correspond à la notion « **d'intercommunalité fédérative** ».

■ Elle a pour objet d'associer des communes au sein d'un espace de solidarité, en vue de l'élaboration d'un projet commun de développement et d'aménagement de l'espace.

■ Au **1er janvier 2015**, il existait **1 884 communautés de communes**.

■ En vue de renforcer les intercommunalités, la loi NOTRe du 7 août 2015 fixe le seuil pour constituer une intercommunalité, celui de **15 000 habitants** (au lieu de 5 000) et prévoit qu'elles seront organisées autour de bassins de vie. Des dérogations sont toutefois prévues pour les zones de montagne et les territoires peu denses, pour lesquels un seuil minimal de 5 000 habitants demeure possible. De même, les intercommunalités de 12 000 habitants au moins et récemment constituées peuvent être maintenues.

■ **Fonctionnement**

La communauté est administrée par un organe délibérant, le **conseil communautaire**, composé de conseillers communautaires ; le conseil est dorénavant **élu au suffrage universel direct, dans le cadre des élections municipales (élections municipales de 2014)**, pour les communes de plus de 1 000 habitants.

Les bulletins de vote de ces communes comprennent, dans leur partie gauche, la liste des candidats au conseil municipal, et, dans la partie droite, la liste des candidats au conseil communautaire.

Les représentants des communes de plus petite taille restent élus en leur sein par les conseils municipaux, dans l'ordre du tableau – le maire puis les adjoints. Ces nouvelles dispositions résultent de la loi du 17 mai 2013.

Chaque commune dispose, en fonction de son nombre d'habitants, d'au moins un siège et aucune commune ne peut avoir plus de la moitié des sièges.

■ **Compétences**

La communauté de communes exerce **obligatoirement les deux compétences** suivantes :

– **aménagement de l'espace** pour la conduite d'actions d'intérêt communautaire ; schéma de cohérence territoriale et schéma de secteur ; plan local d'urbanisme, document d'urbanisme en tenant lieu et carte communale ;

– **actions de développement économique** intéressant l'ensemble de la communauté ; l'aménagement, la gestion et l'entretien des zones d'activité industrielle, commerciale, tertiaire, artisanale, touristique, portuaire ou aéroportuaire d'intérêt communautaire sont inclus dans cette compétence.

La communauté de communes doit par ailleurs exercer des compétences relevant d'**au moins trois des groupes suivants** :

– **protection et mise en valeur de l'environnement**, le cas échéant dans le cadre de schémas départementaux et soutien aux actions de maîtrise de la demande d'énergie ;

– **politique du logement et du cadre de vie** : élaboration du diagnostic du territoire et définition des orientations du contrat de ville ; animation et coordination des dispositifs contractuels de développement urbain, de développement local et d'insertion économique et sociale ainsi que des dispositifs locaux de prévention de la délinquance ; programmes d'actions définis dans le contrat de ville ;

– **création, aménagement et entretien de la voirie ;**

– **construction, entretien et fonctionnement d'équipements culturels et sportifs** et d'équipements de l'enseignement préélémentaire et élémentaire ;

– **action sociale d'intérêt communautaire ;**

– **assainissement.**

Le conseil communautaire peut également choisir des compétences facultatives qu'il définit lui-même. La détermination de l'intérêt communautaire résulte du vote d'une **majorité qualifiée** des conseils municipaux, ce qui est une **différence fondamentale** par rapport au régime des communautés d'agglomération, où cette déclaration d'intérêt communautaire est faite par une délibération du conseil communautaire prise à la majorité des 2/3 du conseil de la communauté d'agglomération, donnant ainsi un pouvoir important aux instances communautaires.

■ Ressources

Les principales ressources proviennent des dotations de l'État (dotation d'intercommunalité, DGF, DGE, FCTVA), la fiscalité locale additionnelle : l'EPCI prélève, en plus des communes, une partie des impôts ménages : taxe d'habitation, taxe foncière sur le bâti, taxe foncière sur le non bâti ; l'EPCI prélève également la fiscalité professionnelle, la CET. Il y a aussi le produit des taxes, redevances et contributions instaurées en échange de services rendus.

5. Quelles sont les compétences obligatoires d'une communauté d'agglomération ?

■ La finalité d'une communauté d'agglomération (CA) est d'associer des communes « au sein d'un espace de solidarité, en vue d'élaborer et conduire ensemble un projet commun de développement urbain et d'aménagement de leur territoire ».

■ La communauté d'agglomération est un EPCI à fiscalité propre, de plus de 50 000 habitants, qui regroupe plusieurs communes, d'un seul tenant et sans enclave, avec au moins un commune-centre de plus de 15 000 habitants.

■ Il y a eu un assouplissement des conditions démographiques de création d'une CA, avec la **loi du 16 décembre 2010** de réforme des collectivités territoriales : **30 000 habitants** quand la CA comprend le chef-lieu de département.

■ Depuis les élections municipales de mars 2014, avec la loi du 16 décembre 2010, on note une élection directe des conseillers communautaires des communes de 1 000 habitants et plus.

■ On compte **quatre compétences obligatoires** : le **développement économique** (création, aménagement et entretien des ZAC), l'**aménagement de l'espace communautaire** par l'élaboration d'un schéma directeur – ceci inclut le transport urbain –, l'**équilibre social de l'habitat** (élaboration du programme intercommunal de l'habitat, gestion des aires d'accueil des gens du voyage), la **politique de la ville** (élaboration des contrats de territoires de la géographie prioritaire).

■ Parmi les **six compétences optionnelles, au moins trois doivent être exercées** : création ou aménagement et entretien de la voirie et de parcs de stationnement d'intérêt communautaire ; la distribution de l'eau potable ; l'assainissement ; la protection et la mise en valeur de l'environnement et du cadre de vie ; la construction, l'aménagement, l'entretien et la gestion d'équipements culturels et sportifs d'intérêt communautaire ; l'action sociale d'intérêt communautaire.

6. Qu'est-ce que la clause de compétence générale ?

■ La clause de compétence générale est issue de la loi municipale de 1884 puis étendue par les lois de décentralisation de 1982 aux autres collectivités territoriales.

■ Ainsi, le conseil municipal, le conseil départemental et le conseil régional règlent par leurs délibérations, respectivement les affaires de la commune, du département et de la région. La clause générale de compétence est un élément de la libre administration des collectivités territoriales ; mais elle peut constituer un obstacle à la rationalisation de l'intervention publique locale.

■ La clause de compétence générale permet d'agir dans un domaine donné, au nom d'un intérêt local, alors que la loi n'a pas expressément reconnu une compétence spéciale. Elle correspond **aux compétences dites « facultatives »** des collectivités territoriales, par opposition aux compétences « obligatoires » transférées.

■ La clause de compétence générale concerne uniquement les collectivités territoriales ; elle ne vaut pas pour les EPCI, régis par le principe de spécialité, qui ne peuvent agir que dans le cadre des compétences qui leur sont attribuées.

■ La clause de compétence générale peut toutefois être source de dilution des responsabilités, de doublons, de manque de transparence et d'enchevêtrement des compétences entre les différents échelons territoriaux (le mille-feuille territorial).

■ Aussi, la clause de compétence générale, supprimée pour les régions et départements par la loi du 16 décembre 2010, a été rétablie par la loi du 27 janvier 2014. Mais, **elle a de nouveau été supprimée avec la loi NOTRe du 7 août 2015**.

7. Qu'entend-on par collectivité territoriale ?

■ Les collectivités territoriales sont des **personnes morales de droit public** distinctes de l'État et bénéficient à ce titre d'une **autonomie juridique et financière**.

■ Les collectivités territoriales apparaissent dans la Constitution de 1946 et l'expression sera reprise dans le texte de 1958. Elles sont, au départ, désignées sous le nom de « collectivités locales ». C'est plus tard, avec le Code général des collectivités territoriales, créé en 1996, que l'expression « collectivité territoriale » va dorénavant être plus couramment employée.

■ Selon l'alinéa 3 de l'article 72 de la Constitution, les collectivités territoriales s'administrent librement dans les conditions prévues par la loi. Elles ne possèdent que des **compétences administratives** ; elles ne peuvent donc pas édicter des lois ou des règlements.

■ Elles sont administrées par des conseils ou assemblées délibérants élus au suffrage universel direct.

■ Leurs compétences obligatoires sont déterminées par la loi, dans le respect du principe de libre administration. La commune est, depuis la promulgation de la loi NOTRe (7 août 2015), la seule collectivité ayant conservé la clause de compétence générale.

8. Quels sont les principaux axes de la loi Maptam ?

- La **loi du 27 janvier 2014** de modernisation de l'action publique territoriale et d'affirmation des métropoles (**loi Maptam**) fait partie de **l'acte III de la décentralisation**.

- Les principales dispositions de la loi Maptam sont les suivantes :

  – **Rétablissement de la clause de compétence générale** pour les régions et les départements et **rationalisation** dans l'exercice des compétences. Le conseil départemental ou le conseil régional statue ainsi sur tout objet relevant de ses compétences obligatoires, telles que fixées par les lois et règlements, et sur tout objet d'intérêt départemental ou régional (compétences non obligatoires).

  – **Désignation de collectivités chefs de file :**
  La loi clarifie les conditions d'exercice de certaines compétences pour lesquelles plusieurs collectivités territoriales sont amenées à intervenir, en instaurant des **chefs de file** :

  • **la région**, pour le développement économique, le soutien à l'innovation, les aides aux entreprises, l'aménagement et le développement durable du territoire, la protection de la biodiversité, la qualité de l'air, l'intermodalité et la complémentarité entre les modes de transport, le soutien à l'enseignement supérieur et à la recherche ;

  • **le département** pour l'action sociale, l'aménagement numérique, le développement et la contribution à la résorption de la précarité énergétique, l'autonomie des personnes, la solidarité territoriale ;

  • **les communes** pour la mobilité durable, l'organisation des services publics de proximité, l'aménagement de l'espace, le développement local.

  – **Création d'un nouvel organe de concertation : la CTAP (conférence territoriale de l'action publique) :**

  • instaurée dans chaque région et présidée par le président du conseil régional ;

  • elle rend des avis sur tous les sujets relatifs à l'exercice de compétences et à la conduite de politiques publiques nécessitant une coordination ou une délégation de compétences entre les collectivités territoriales et leurs groupements ;

  • composée des membres de droit, tels le président du conseil régional, les présidents des conseils départementaux, les présidents des EPCI de plus de 30 000 habitants, un représentant élu des EPCI de moins de 30 000 habitants ; elle compte également des représentants des communes et des autres EPCI de moins de 30 000 habitants, mais ceux-ci ne sont pas membres de droit.

  • elle a donc pour mission d'établir un **pacte de gouvernance territoriale**.

  – **Achèvement de la carte intercommunale en Île-de-France :**

  • dans les départements de l'Essonne, de Seine-et-Marne, du Val-d'Oise et des Yvelines, les EPCI à fiscalité propre ayant leur siège dans l'unité urbaine de Paris (définition INSEE) doivent regrouper plusieurs communes d'un seul tenant et sans enclave formant un ensemble d'**au moins 200 000 habitants** ;

• un projet de schéma régional de coopération intercommunale a fait l'objet de concertation. Au 1er juillet 2015 : les projets de création, fusion et modification de périmètres d'EPCI à fiscalité propre ont été arrêtés par les préfets de départements de grande couronne ; leur création a pris effet au 1er janvier 2016.

– **Création de la métropole du Grand Paris au 1er janvier 2016 :**

• EPCI à fiscalité propre à statut particulier ;

• regroupe la commune de Paris, l'ensemble des communes des départements des Hauts-de-Seine, de la Seine-Saint-Denis et du Val-de-Marne, les communes des autres départements de la région d'Île-de-France appartenant, au 31 décembre 2014, à un EPCI comprenant au moins une commune des départements des Hauts-de-Seine, de la Seine-Saint-Denis et du Val-de-Marne et dont le conseil municipal a délibéré favorablement (avant le 30 septembre 2014) ;

• organisée en **territoires**, d'un seul tenant et sans enclave, d'**au moins 300 000 habitants** ;

• dans chaque territoire, création d'un **conseil de territoire** composé des délégués des communes incluses dans le périmètre du territoire.

– **Le statut de métropole précisé :**

• création d'un **statut spécifique pour la métropole de Lyon**. Précision sur le **statut particulier de la métropole Marseille-Aix-en-Provence** ;

• création de **9 métropoles dites de « droit commun »** (plus de 400 000 habitants) : Bordeaux, Grenoble, Lille, Nantes, Nice, Rennes, Rouen, Strasbourg et Toulouse. Les élus de Brest et Montpellier peuvent obtenir le même statut pour leur EPCI ;

• exercice de compétences renforcées par rapport aux intercommunalités classiques, notamment le schéma de cohérence territoriale, l'aménagement des gares situées sur le territoire métropolitain, la gestion du DALO et du contingent de logements préfectoral, la gestion de l'hébergement d'urgence, la gestion du FSL, l'aide aux jeunes en difficulté ;

• fonction d'autorité organisatrice d'une compétence qu'elle exerce sur son territoire (définition des obligations de service au public, gestion des services publics correspondants) ;

• création d'une **conférence métropolitaine**, présidée par le président du conseil de la métropole, composée des maires des communes membres. Instance de coordination entre la métropole et les communes membres. Création d'un **conseil de développement** réunissant les représentants des milieux économiques, sociaux, culturels, éducatifs, scientifiques et associatifs de la métropole.

9. Expliquez le principe de libre administration des collectivités territoriales.

■ La **révision constitutionnelle du 28 mars 2003** a confirmé le principe de libre administration des collectivités territoriales, déjà présent dans la Constitution de 1958.
Ce principe de valeur constitutionnelle, repris dans le CGCT, est ainsi défini : « Les collectivités territoriales de la République sont les communes, les départements, les régions, les collectivités à statut particulier et les collectivités d'outre-mer [...]. Toute autre collectivité territoriale est créée par la loi [...]. Dans les conditions prévues par la loi, ces collectivités s'administrent librement par des conseils élus et disposent d'un pouvoir réglementaire pour l'exercice de leurs compétences. »

■ Les collectivités territoriales sont donc dotées de la personnalité juridique et disposent d'une autonomie administrative. Les organes délibérants disposent de **pouvoirs de décisions propres**. Les organes exécutifs disposent d'un pouvoir réglementaire (pouvoir de police du maire).

■ Les collectivités territoriales disposent d'une liberté de décision pour le recrutement et la gestion de leurs agents.

■ Les collectivités territoriales disposent de **prérogatives de puissance publique**, notamment la possibilité d'imposer de manière unilatérale des obligations aux administrés.

■ De même, elles bénéficient d'une **autonomie en matière fiscale**, autonomie prévue par l'article 72 de la Constitution.

10. Quelles sont les principales dates clés de l'acte I de la décentralisation ?

■ Il y a à l'origine des lois Defferre (nom du ministre de l'Intérieur et de la Décentralisation de l'époque) qui correspondent à la volonté politique du gouvernement – au pouvoir depuis 1981 –, le désir de réaliser une profonde réforme de l'organisation administrative de la France encore très centralisatrice. Et donc de décentraliser l'action publique.

Ces lois seront suivies de très nombreuses autres lois qui constitueront ce que l'on appellera par la suite l'acte I de la décentralisation.

■ **La loi du 2 mars 1982 relative** aux « droits et aux libertés des communes, départements et régions » **lance la décentralisation**. La tutelle administrative de l'État est supprimée : les actes et les décisions des collectivités territoriales deviennent exécutoires de plein droit.

Le préfet n'exerce plus qu'un **contrôle de légalité *a posteriori***.

■ Le conseil régional change de statut et devient une collectivité territoriale à part entière ; à partir de 1985, des conseillers régionaux sont élus au suffrage universel direct. L'exécutif du département et de la région est transféré aux présidents des conseils généraux et régionaux. De nombreuses compétences sont transférées aux collectivités territoriales.

■ **Les lois des 7 janvier et 22 juillet 1983 transfèrent des compétences** de l'État vers les collectivités territoriales dans de nombreux domaines : urbanisme, action sociale, formation professionnelle, gestion des collèges et lycées.

■ **La loi du 26 janvier 1984** crée **la fonction publique territoriale.**

■ **La loi du 3 février 1992** pose les premiers éléments d'un **statut des élus locaux**.

■ **La loi du 6 février 1992, dite loi ATR**, pose les premiers dispositifs de **démocratie locale** (consultation des électeurs locaux) et relance la **politique de coopération intercommunale** (création des communautés de communes, approfondie par la loi du 12 juillet 1999).

11. Quels sont les pouvoirs du maire, représentant de l'État ?

■ Le maire, organe exécutif de la commune, est élu par les membres du conseil municipal, choisi parmi les conseillers municipaux, pour un mandat de six ans.

■ Le maire a ce qu'on appelle une « **double casquette** » : il est à la fois agent de l'État et organe exécutif de la commune, collectivité territoriale.

■ **En tant qu'agent de l'État**, le maire a une **double fonction** :

– sous l'**autorité du préfet**, le maire remplit des fonctions administratives, notamment :
- la publication des lois et règlements ;
- l'organisation des élections ;
- la légalisation des signatures ;
- l'exécution des mesures de sûreté générale.

– sous l'autorité du **procureur de la République**, il exerce une **double fonction** :
- en tant qu'officier d'état civil :
  - célèbre les mariages ;
  - reçoit les déclarations de naissances et de décès ;
  - tient les registres d'état civil ;
- en tant qu'officier de police judiciaire :
  - constate les infractions ;
  - reçoit des plaintes ;
  - dresse des contraventions.

12. Comment sont désignés les conseillers communautaires ?

■ **La loi n° 2013-403 du 17 mai 2013** relative à l'élection des conseillers départementaux, des conseillers municipaux et des conseillers communautaires, et modifiant le calendrier électoral, marque **une nouvelle étape** en prévoyant l'élection plus directe des conseillers communautaires **au-dessus de 1 000 habitants** et des modes de désignation plus stricts **en dessous de 1 000 habitants**. Dorénavant, les conseillers communautaires sont élus **en même temps** que les conseillers municipaux.

■ Dans les communes de moins de 1 000 habitants, les conseillers communautaires sont désignés dans l'ordre du tableau.

■ Dans les communes de 1 000 habitants et plus, les conseillers communautaires ont été élus dans le cadre de l'élection municipale. L'électeur choisit donc le même jour une liste de candidats au siège de conseiller municipal et une liste de candidats au siège de conseiller communautaire. Il y a donc **un bulletin, deux listes distinctes**. C'est le **système de fléchage**.

■ La parité homme/femme doit être respectée.

■ Sur la liste communautaire, doit apparaître le pays européen d'origine des candidats.

■ Application de la **règle du premier quart** : tous les candidats présentés dans le premier quart de la liste intercommunale doivent figurer, de la même manière et dans le même ordre, en tête de la liste municipale.

■ Application de la **règle des trois premiers cinquièmes** : pour le reste de la liste intercommunale, la désignation des candidats n'est pas libre car « tous les candidats aux sièges de conseiller communautaire doivent figurer au sein des trois premiers cinquièmes de la liste des candidats au conseil municipal.

■ Les conseillers communautaires sont élus pour la même durée que les conseillers municipaux de la commune qu'ils représentent, **à savoir six ans**.

13. Quel est le rôle du préfet ?

■ Le préfet est le représentant de l'État dans le département ; il est nommé par décret du président de la République, en Conseil des ministres, sur proposition du Premier ministre et du ministre de l'Intérieur. Il est assisté par les sous-préfets.

■ Délégué du gouvernement, il représente directement le Premier ministre et chacun des ministres. Il a la charge des intérêts nationaux, et assure la direction des services de l'État dans le département ou la région.

■ Il exerce principalement **quatre grandes missions** :

– **Le maintien de l'ordre public et la sécurité des biens et des personnes :** il organise, au niveau du département, la politique de sécurité ; il détient des pouvoirs de police administrative, à savoir des moyens juridiques, humains, matériels pour assurer le maintien de la tranquillité, de la sécurité et de la salubrité publique ; ainsi, il est en charge de la police des étrangers ; il dirige et coordonne l'action des forces de la police nationale et de la gendarmerie ; il veille aussi au bon déroulement des élections.

– **La mise en œuvre et la coordination à l'échelon local des politiques du gouvernement :** le préfet applique, au niveau départemental ou régional, les politiques de l'emploi, de la cohésion sociale, de l'aménagement du territoire, du développement économique, de l'environnement, etc., décidées par le gouvernement. Il dirige ainsi les directions départementales des services déconcentrés de l'État, telles les directions départementales des territoires, les directions départementales de la cohésion sociale et de la protection des populations. Il dirige aussi l'administration préfectorale.

– **L'assistance aux collectivités locales :** le préfet est un interlocuteur privilégié des élus locaux. Il apporte des conseils aux services et élus sur l'application des textes, sur la préparation de certains dossiers.

– **Le contrôle de la légalité des actes des collectivités locales :** le préfet exerce un contrôle *a posteriori* (après la publication ou la notification de l'acte), sur les actes des collectivités territoriales et leurs établissements publics. Le préfet ne peut toutefois pas annuler un acte qu'il juge illégal ; s'il estime qu'un acte est illégal, il saisit le juge administratif pour demander l'annulation ou le retrait de l'acte.

14. Quelle est la différence entre la déconcentration et la décentralisation ?

■ Pour rappel, les principales grandes lois de décentralisation sont les suivantes :
- loi du **2 mars 1982**, acte I de la décentralisation ;
- loi du **13 août 2004**, acte II de la décentralisation ;
- loi du **16 décembre 2010** ;
- loi du **17 mai 2013** (calendrier électoral) ;
- loi du **27 janvier 2014** (dite Maptam).

Les deux dernières lois font partie de l'acte III de la décentralisation.

■ **La décentralisation :**

– C'est le transfert de compétences de l'État vers une collectivité territoriale, personne morale de droit public : la région, le département et la commune ; la collectivité territoriale dispose de l'autonomie juridique et financière ; les organes délibérants ont un pouvoir de décision et l'organe exécutif un pourvoir réglementaire.

– Les collectivités territoriales assurent la gestion de la vie courante sur leur territoire, dont les spécificités sont :

• une **organisation politique** avec des autorités élues : un organe délibérant, un organe exécutif ;

• des **compétences** avec la possibilité de prendre des délibérations et des arrêtés dans différents domaines, avec le contrôle *a posteriori* exercé par l'État (contrôle de légalité) ;

• des **moyens propres** garantissant l'autonomie : humains (le personnel titulaire et non titulaire), budgétaires (des ressources propres), en matériel.

– Entre les collectivités, il n'y a pas de hiérarchie mais uniquement des modes de collaboration par voie contractuelle.

■ **La déconcentration :**

– C'est un modèle d'organisation administrative qui accorde à des organes locaux de l'administration de l'État un pouvoir de décision limité, par délégation.

– Chaque ministère est composé d'une administration centrale et d'administrations locales, réparties sur tout le territoire : les **services déconcentrés**. Ces services sont placés sous l'autorité des ministres concernés, ils sont chargés de la mise en application des lois et règlements de chaque ministère, sur l'ensemble du territoire national, au plus près des collectivités locales et des citoyens/usagers.

– Quelques exemples de services déconcentrés : préfecture, DRJSCS (direction régionale de la jeunesse, des sports et de la cohésion sociale), direction académique des services départementaux de l'Éducation nationale.

– L'administration déconcentrée représente les intérêts de l'État localement. Elle est dirigée par le préfet, placé sous l'autorité des ministres concernés.

15. Qu'est-ce que le contrôle de légalité des actes des collectivités ?

■ Le contrôle de légalité a un fondement constitutionnel. En effet, l'**article 72 de la Constitution** édicte que « dans les collectivités territoriales de la République, le représentant de l'État a la charge des intérêts nationaux, du contrôle administratif et du respect des lois ».

■ Le contrôle de légalité se fonde sur **trois grands principes** :
– il s'agit d'un contrôle s'exerçant sur des **actes ayant déjà force exécutoire** ;
– il s'agit d'un contrôle de légalité, **exclusif de toute considération d'opportunité**, le préfet vérifie la conformité des actes pris par les collectivités territoriales et leurs établissements publics avec les dispositions législatives et réglementaires en vigueur ;
– **si le préfet invoque l'illégalité d'un acte, seul le juge administratif peut l'annuler.** Ainsi, si l'examen sur le fond et la forme conduit à relever des irrégularités, le préfet peut adresser à la collectivité ou l'établissement public, un recours gracieux dans un délai de deux mois, à compter de la réception de l'acte, en précisant la ou les illégalités dont l'acte est entaché et en demandant sa modification ou son retrait. Si la collectivité refuse ou rejette implicitement ce recours gracieux, le préfet peut déférer au tribunal administratif l'acte qu'il estime illégal, il dispose d'un pouvoir d'appréciation.

■ Les **actes soumis obligatoirement au contrôle de légalité sont les suivants :**
– les délibérations de l'assemblée délibérante ou les décisions prises par délégation de l'assemblée délibérante (sauf les délibérations relatives aux tarifs des droits de voirie et de stationnement, au classement, au déclassement des voies) ;
– les décisions réglementaires et individuelles prises par l'organe exécutif (maire, président du conseil départemental) dans l'exercice de son pouvoir de police (sauf celles relatives à la circulation et au stationnement) ;
– les conventions relatives aux emprunts, aux marchés et aux accords-cadres, les conventions de concession ou d'affermage de services publics locaux et les contrats de partenariat ;
– les décisions individuelles relatives à la nomination, au recrutement, y compris le contrat d'engagement, et au licenciement des agents non titulaires (sauf celles prises pour faire face à un besoin lié à un accroissement temporaire ou saisonnier d'activité) ;
– le permis de construire et les autres autorisations d'utilisation du sol et le certificat d'urbanisme délivrés par le maire ou le président de l'EPCI ;
– les ordres de réquisition du comptable pris par le maire ;
– les décisions relevant de l'exercice de prérogatives de puissance publique, prises par les sociétés d'économie mixte locales pour le compte d'une commune ou d'un établissement public de coopération intercommunale.

■ En dehors de la liste des actes soumis à l'obligation de transmission, le préfet peut demander communication des autres actes pris par les autorités territoriales à tout moment.

16. Qu'est-ce qu'un EPCI ?

■ Un EPCI est une **structure administrative de coopération entre communes** : établissement public de coopération intercommunale. Les communes souhaitent développer plusieurs compétences en commun, tels les transports publics, l'aménagement du territoire, la gestion de l'environnement.

■ Depuis l'adoption de la **réforme territoriale de 2010**, sont des EPCI (Code général des collectivités territoriales, CGCT) :

- les syndicats de communes, SIVU/SIVOM (créés par la loi du 22 mars 1890) ;
- les communautés de communes (créées par la loi du 6 février 1992) ;
- les communautés urbaines (créées par la loi du 31 décembre 1966) ;
- les communautés d'agglomération (créées par la loi du 12 juillet 1999) ;
- les syndicats d'agglomération nouvelle (créés par la loi du 13 juillet 1983) ;
- les métropoles (créées par la loi du 16 décembre 2010).

■ La majorité des EPCI **sont à fiscalité propre** ; mais certains d'entre eux sont **sans fiscalité propre** (syndicats de communes SIVU/SIVOM).

■ Un EPCI est administré par un conseil délibérant.

■ La réforme territoriale du **16 décembre 2010** constitue une première étape dans la simplification et l'achèvement de la carte de l'intercommunalité, en vue de remédier à l'émiettement communal. Elle rend obligatoire l'appartenance à un EPCI, depuis le 1er juillet 2013.

■ Les **lois du 27 janvier 2014 (loi « Maptam ») et du 7 août 2015 (loi NOTRe)** constituent de nouvelles étapes dans l'acte III de la décentralisation, modifiant le paysage de l'intercommunalité, notamment par le renforcement du statut des métropoles.

Le processus d'intégration des communes pour faire changer les intercommunalités d'échelle s'amplifie. Le relèvement du seuil d'intercommunalité de 5 000 à 15 000 habitants doit permettre d'avoir davantage de capacités à agir au niveau des bassins de vie, dorénavant plus étendus. Les intercommunalités voient également leurs compétences augmenter (tourisme, aires d'accueil des gens du voyage, maisons de services au public), l'objectif étant de diminuer le nombre de syndicats intercommunaux, de générer des économies de gestion dans des services utilisés au quotidien.

17. Qu'est-ce que le Code général des collectivités territoriales (CGCT) ?

■ Le CGCT regroupe les **lois relatives au droit général des collectivités territoriales** français.

■ Le CGCT organise la répartition des compétences sur le principe de la décentralisation et de la libre administration. Il traite des biens des collectivités territoriales, des relations avec l'État, des services publics locaux et de l'organisation de chaque collectivité, avec parfois des dispositions spécifiques à une région (ex. : l'Île-de-France) ou un territoire (ex. : la Polynésie française).

■ C'est donc un ouvrage de codification, structuré en **six grandes parties** :
– première partie : dispositions générales (6 livres) ;
– deuxième partie : la commune (5 livres) ;
– troisième partie : le département (4 livres) ;
– quatrième partie : la région (4 livres) ;
– cinquième partie : la coopération locale (9 livres : syndicats de communes, districts, communautés de communes, communautés urbaines, communautés d'agglomération, communautés de ville, etc.) ;
– sixième partie : collectivités d'outre-mer régies par l'article 74 de la Constitution (4 livres).

■ Chaque livre est composé de titres et de chapitres.

18. Quels sont les modes de scrutin aux élections municipales ?

■ La récente **loi du 17 mai 2013** relative à l'élection des conseillers départementaux, des conseillers municipaux et des conseillers communautaires, et modifiant le calendrier électoral, a changé le mode de scrutin qui a été mis en application lors des élections municipales de mars 2014.

■ La loi a abaissé à **1 000 habitants**, au lieu de 3 500 habitants, le seuil à partir duquel s'applique un **mode de scrutin proportionnel**.

■ Autre mesure phare de cette réforme électorale : dans les communes de 1 000 habitants et plus, les listes doivent être composées alternativement de candidats de sexe différent. Cette réforme répond à la volonté de **rendre le scrutin municipal plus paritaire**, en permettant une meilleure représentation des femmes dans les conseils municipaux des petites communes. Par ailleurs, avec cette réforme, les groupes d'élus minoritaires auront également une plus grande place au sein des assemblées municipales, permettant un fonctionnement plus démocratique.

■ Les modes de scrutin diffèrent donc selon la taille de la commune :
- dans les communes de **moins de 1 000 habitants** : le scrutin est **majoritaire**, plurinominal, de liste, à deux tours. Les candidats peuvent former des listes incomplètes ou se présenter seuls. Les suffrages sont comptabilisés pour chaque candidat individuellement et non pour chaque liste. Le panachage entre les listes est autorisé (possibilité de supprimer des noms ou d'en ajouter, à condition qu'il s'agisse de personnes candidates sur une autre liste). Le vote se déroule au scrutin majoritaire. La majorité absolue des suffrages exprimés ainsi que 25 % des électeurs inscrits sont nécessaires pour être élu au premier tour. Au second tour, la majorité relative est suffisante.
- dans les communes de **1 000 habitants et plus** : le vote se déroule au **scrutin proportionnel de liste**, à deux tours, avec prime majoritaire pour la liste arrivée en tête (scrutin dit « mixte »). Les listes doivent être composées d'un homme et d'une femme (ou d'une femme et d'un homme) en alternance. Les candidats se présentent en listes complètes et le panachage n'est pas autorisé. Une liste est élue dès le premier tour si elle obtient la majorité absolue des suffrages exprimés et 25 % des électeurs inscrits. Dans le cas contraire un second tour est organisé, seules les listes ayant obtenu, au premier tour, 10 % des suffrages exprimés peuvent y participer. Les listes ayant obtenu 5 % des suffrages exprimés peuvent néanmoins fusionner avec une autre liste présente au second tour. La liste qui arrive en tête au second tour bénéficie d'une prime majoritaire de 50 % et se voit ainsi attribuer d'office la moitié des sièges du conseil municipal. Les autres sièges sont répartis à la représentation proportionnelle entre les listes ayant obtenu 5 % des suffrages exprimés.

■ Il est à noter aussi, qu'avec la réforme électorale du 17 mai 2013, l'élection des conseillers communautaires est liée à celle des conseillers municipaux par un **système de fléchage**, les modalités pour désigner les conseillers communautaires étant distinctes selon que la commune compte moins de 1 000 habitants ou 1 000 habitants ou plus.

19. Qu'est-ce qu'une commune nouvelle ?

■ La commune nouvelle est issue de la loi de réforme des collectivités territoriales du **16 décembre 2010**. Cette disposition remplace le dispositif de fusion de communes issu de la loi du 16 juillet 1971 (dite loi Marcellin). C'est donc un nouveau dispositif de fusion de communes.

■ La commune nouvelle est une **collectivité territoriale qui se substitue à plusieurs communes contiguës**. Celles-ci subsistent sous forme de « communes déléguées » reprenant le nom et les limites territoriales de l'ensemble des anciennes communes dont la commune nouvelle est issue.

■ La commune nouvelle est substituée aux communes pour toutes les délibérations et les actes, pour l'ensemble des biens, droits et obligations ; tous les personnels municipaux sont rattachés à la commune nouvelle.

■ Chaque commune déléguée dispose :

– d'un maire délégué et éventuellement d'un ou plusieurs adjoints, désignés par le conseil municipal de la commune nouvelle, parmi ses membres ;

– d'une annexe de la mairie dans laquelle sont établis les actes d'état civil concernant les habitants de la commune déléguée.

■ Le conseil de la commune déléguée délibère sur l'implantation de proximité (écoles, social, culturel, sportif, etc.) qu'il gère. Il peut, à la demande de la commune nouvelle, gérer un équipement ou un service. Il est consulté notamment sur le montant des subventions aux associations et le PLU et toute opération d'aménagement.

■ L'objectif poursuivi s'inscrit dans la **volonté de réformer l'organisation territoriale**, en limitant l'imbrication des institutions locales, en rendant le fonctionnement plus économique et en améliorant la gouvernance.

■ Toutefois, vu le peu de succès de ce dispositif (seulement 13 communes nouvelles créées en 4 ans), une **nouvelle loi a été adoptée le 4 mars 2015**, en vue d'améliorer le statut de la commune nouvelle, notamment au travers des mesures suivantes :

– la nouvelle loi permet aux maires des communes déléguées d'être automatiquement adjoints au maire de la commune nouvelle ;

– la mise en place d'un **pacte financier** visant à impulser, en début de mandat, les projets de commune nouvelle. Ce pacte va garantir aux communes nouvelles, de moins de 10 000 habitants, créées avant le 1er janvier 2016, une stabilisation de la DGF ; par ailleurs, pour les communes comprises entre 1 000 et 10 000 habitants, une bonification de 5 % de la DGF sera appliquée. Pour bénéficier de ce pacte financier, les projets de communes nouvelles doivent être finalisés au plus tard à l'automne 2015.

Pour l'Association des maires de France, l'adoption de cette nouvelle loi « ouvre une opportunité exceptionnelle aux élus de redéfinir eux-mêmes la commune, institution préférée des Français et lieu d'exercice de la démocratie, dans un contexte de fortes contraintes financières et de mutation de l'action publique ».

■ Au 1er janvier 2016, on compte 320 communes nouvelles.

20. Que savez-vous des schémas de mutualisation ?

■ La **loi de réforme des collectivités territoriales du 16 décembre 2010** imposait aux intercommunalités d'avoir élaboré un schéma de mutualisation des services, au 31 mars 2015. La loi NOTRe a repoussé cette échéance au **31 décembre 2015**. Ce schéma doit mettre en évidence l'impact prévisionnel de la mutualisation sur les effectifs de l'EPCI et des communes concernées et leurs dépenses de fonctionnement.

Au 1er janvier 2016, selon une enquête réalisée par l'AdCF (Association des communautés de France), plus de 50 % des intercommunalités de France avaient adopté leur schéma de mutualisation et 35 % devraient le faire pour la fin du premier semestre 2016.

■ Principalement, **trois outils de mutualisation** existent :

- **la mise à disposition des services :** elle peut être **ascendante** (les services d'une commune, qui a conservé tout ou partie de ses services, sont totalement ou partiellement mis à disposition de l''EPCI dont elle est membre) ou **descendante** (les services de l'EPCI sont totalement ou partiellement mis à disposition de l'une ou plusieurs de ses communes membres pour l'exercice de leurs compétences) ; il y a nécessité de conclure une **convention** ;
- **la création de services communs :** possibilité prévue par le CGCT, entre un EPCI à fiscalité propre et une ou plusieurs de ses communes membres, en dehors des compétences transférées ;
- **la mise en commun de moyens :** l'EPCI à fiscalité propre va se doter de biens qu'il partage avec ses communes membres ; les modalités sont fixées par un règlement de mise à disposition ; ceci vaut également pour l'exercice par les communes de compétences qui n'ont pas été transférées à l'EPCI.

■ Le schéma de mutualisation est un document d'organisation interne, une « feuille de route » ; les élus disposent d'une grande souplesse dans l'élaboration de son contenu.

■ Chaque année, lors du DOB ou du vote du budget, le président de l'EPCI doit faire un point de communication sur l'avancement du schéma de mutualisation.

■ Dans l'année qui suit chaque élection municipale, le président de l'EPCI doit établir un rapport relatif aux mutualisations de services existantes afin d'assurer une meilleure organisation.

21. Quels sont les grands axes de la loi NOTRe ?

■ La loi portant Nouvelle Organisation Territoriale de la République (NOTRe) constitue le troisième volet de la réforme de l'organisation territoriale, après la loi de modernisation de l'action publique territoriale et d'affirmation des métropoles (loi « Maptam ») et la loi relative à la délimitation des régions.

■ La loi NOTRe a été promulguée le 7 août 2015. Elle poursuit **cinq objectifs** : simplifier ; mettre en cohérence l'action de l'État sur le territoire ; renforcer la proximité ; améliorer l'efficacité, faire des économies, moderniser les méthodes de travail ; conforter l'équilibre des territoires.

■ Les **principaux axes de la loi « NOTRe »** sont les suivants :

– La **suppression de la clause de compétence générale** pour les départements et les régions.

– Le **renforcement du rôle de la région** en matière de développement économique. Responsable notamment de la politique de soutien aux petites et moyennes entreprises et aux entreprises de taille intermédiaire. En charge d'élaborer un schéma régional de développement économique, d'innovation et d'internationalisation **(SRDEII)**, en vue de fixer les orientations régionales pour une durée de 5 ans. A également la charge de l'aménagement durable du territoire ; élaboration d'un schéma régional d'aménagement durable du territoire **(SRADDT)** dans lequel figureront les orientations stratégiques en matière d'aménagement du territoire, mobilité, lutte contre la pollution de l'air, maîtrise et valorisation de l'énergie, logement et gestion des déchets.

– Le **transfert des compétences des départements à la région en matière de transport, dans les 18 mois** qui suivent la promulgation de la loi. Les services de transport routier départementaux et les transports scolaires seront donc confiés à la région.

– Le **département demeure chef de file dans le domaine de l'action sociale et des solidarités**.

– Le **renforcement de l'intercommunalité** : seuil minimal fixé à 15 000 habitants (et non plus 5 000 habitants) ; intercommunalités organisées autour de « bassins de vie ». Possibilité de dérogations pour les zones de montagne et les territoires peu denses (seuil minimal à 5 000 habitants). En outre, les intercommunalités de 12 000 habitants au moins récemment constituées pourront être maintenues.

– Le **report au 1er janvier 2020 du transfert obligatoire** aux communautés de communes et aux communes d'agglomération des **compétences communales en matière d'eau et d'assainissement**.

– La **création de la métropole du Grand Paris est confirmée pour le 1er janvier 2016**.

– À compter du **1er janvier 2018**, la **collectivité de Corse deviendra une collectivité à statut particulier** en lieu et place de la collectivité territoriale de Corse et des départements de Corse du Sud et de Haute-Corse.

– L'obligation, pour les collectivités **de plus de 3 500 habitants** et leurs établissements publics, à partir de janvier 2017, de mettre en ligne de façon **gratuite** toutes les données publiques concernant leur territoire : politique d'ouverture des données, dite « **open data** ».

– L'**obligation de création d'un CCAS** non plus pour toutes les communes, mais uniquement pour celles **comptant au moins 1 500 habitants**.

Les finances et la commande publique

Questions corrigées

1. Quels sont les différents documents budgétaires ?

■ On compte **cinq** documents budgétaires.

■ **Le budget primitif** (BP) : on y trouve toutes les recettes et dépenses prévues et autorisées pour une année civile. Le budget primitif est obligatoire. Un budget supplémentaire et des décisions modificatives peuvent apporter des corrections en cours d'année.

■ **Le budget supplémentaire** (BS) : il intervient pour réajuster, en cours d'exercice, les prévisions du budget primitif. Le BS est aussi un budget de report ; quand le BP est élaboré, les résultats de l'exercice précédent qui s'achève ne sont pas encore connus. Le BS répercute ainsi, en cours d'année, les résultats de l'exercice comptable écoulé.

■ **Les budgets annexes** : ces documents présentent annuellement les opérations budgétaires propres à certaines missions de service public, notamment le service de l'eau, le service de l'assainissement.

■ **Le compte administratif** (CA) : il est voté au plus tard le 30 juin de l'année N + 1. On y trouve toutes les recettes et les dépenses effectivement exécutées, c'est le résultat de l'exercice clos. Le compte administratif est le relevé exhaustif des opérations financières, des recettes et des dépenses qui ont été réalisées dans un exercice comptable donné.

■ **Le compte de gestion** : il est confectionné par le trésorier, comptable de la collectivité. C'est une **double tenue de compte** qui décrit en permanence la situation patrimoniale de la collectivité, c'est-à-dire tout ce que la collectivité possède, tout ce qu'elle doit ou ce qu'on lui doit et la situation de la trésorerie (les disponibilités).

C'est le comptable qui est chargé d'encaisser les recettes et de payer les dépenses ordonnancées par l'ordonnateur (organe exécutif de la collectivité). Le compte de gestion retrace les opérations budgétaires en dépenses et en recettes, selon une présentation analogue à celle du compte administratif.

Le compte de gestion est également soumis au vote de l'assemblée délibérante qui acte ainsi la stricte concordance avec le compte administratif.

2. Quelles sont les principales compétences de la Cour des comptes ?

■ Créée par la loi du **16 décembre 1807**, la Cour des comptes est une juridiction administrative indépendante.

■ Le **fonctionnement de la Cour des comptes :** elle comprend sept chambres composées d'un président de chambre, de conseillers maîtres, de conseillers référendaires, d'auditeurs, de rapporteurs et d'experts. Chaque chambre se voit attribuer des domaines de compétences et un portefeuille de ministères et d'organismes publics ou privés dont elle va assurer la certification des comptes. Ses membres sont des magistrats inamovibles régis par les dispositions statutaires de la fonction publique de l'État. Le président de la Cour des comptes est Didier MIGAUD, magistrat nommé en Conseil des ministres.

Cette Cour compte 735 magistrats et a un budget de fonctionnement de 214 millions d'euros.

■ La Cour des comptes a **cinq rôles principaux** distincts :

– La **première mission :** juger de la régularité des comptes établis par les comptables publics dans les différents services de l'État. C'est un contrôle juridictionnel très technique qui vérifie que les règles spécifiques s'imposant aux comptables publics sont bien respectées.
Les comptes des comptables des collectivités territoriales et de leurs établissements publics sont, quant à eux, soumis au contrôle des chambres régionales des comptes. La Cour des comptes est, dans ce cas, juge d'appel.

– La **deuxième mission :** contrôler le bon emploi et la bonne gestion des fonds publics. C'est un contrôle administratif. Chaque année, la Cour procède à des investigations au cours desquelles les conseillers enquêtent sur pièces et sur place. À l'issue de ces enquêtes, la Cour des comptes établit un rapport, destiné au ministre concerné, qui pointe les éventuelles défaillances ou gaspillages constatés dans un service.
Cette activité se concrétise aussi par la publication du rapport annuel de la Cour des comptes. Celui-ci est de plus en plus médiatisé, dans la mesure où il n'hésite pas à fustiger le mauvais emploi des deniers publics. Les conclusions de la Cour des comptes sur les dysfonctionnements administratifs dans l'utilisation de l'argent public doivent en principe donner lieu, de la part des pouvoirs publics, à des corrections.

– La **troisième mission :** certifier la régularité, la sincérité et la fidélité des comptes de l'État, des entreprises publiques, de la Sécurité sociale.

– La **quatrième mission** : assister le Parlement et le gouvernement en vue de vérifier la bonne exécution des lois de finances de l'État et des lois de financement de la Sécurité sociale. Elle établit chaque année un rapport sur l'exécution des lois de finances, transmis au Parlement au mois de juillet.

– La **cinquième mission**, depuis la révision constitutionnelle de juillet 2008 : assister, de manière générale, le Parlement dans le contrôle de l'action du gouvernement.

3. Qu'est-ce que la M14 ?

■ **L'instruction budgétaire et comptable M14** est le cadre juridique qui réglemente la comptabilité des communes, des SPA, des EPA, des syndicats de communes et des EPCI. La comptabilité de l'État, de par ses spécificités, n'applique pas le plan comptable M14.

■ La M14 améliore l'information budgétaire et financière, en particulier sur la situation patrimoniale des communes ; elle permet aux ordonnateurs et aux comptables de suivre plus finement les finances de la collectivité et facilite l'analyse de la situation financière (niveau d'endettement, autofinancement, etc.).

■ Elle vise à rapprocher les méthodes comptables des collectivités locales de celles des entreprises privées à travers un **plan comptable**.

■ Dans les **communes de plus de 3 500 habitants**, la M14 met en place une nomenclature fonctionnelle, permettant de reclasser les recettes et les dépenses selon les politiques conduites par la commune (enseignement, culture, action économique, administration générale, etc.). Le vote du budget peut également s'effectuer par fonction, mais seulement pour les communes de 10 000 habitants et plus.

■ L'ordonnance du 26 août 2005 relative à la simplification et à l'amélioration des règles budgétaires et comptables applicables aux collectivités territoriales a modifié l'instruction M14 : la pluri-annualité est renforcée et le régime des provisions réformé.

■ Un **arrêté de novembre 2013 actualise et modifie** l'instruction budgétaire et comptable M14 applicable aux communes et aux établissements publics communaux et intercommunaux à caractère administratif, avec effet au 1er janvier 2014.

4. Qu'est-ce qu'un marché public ?

■ Le Code de marchés publics donne une définition du marché public.

■ Les marchés publics sont les contrats conclus, par écrit, à titre onéreux entre les pouvoirs adjudicateurs et des opérateurs économiques publics ou privés, pour répondre à leurs besoins en matière de travaux, de fournitures ou de services. On entend par pouvoirs adjudicateurs, les personnes morales de droit public suivantes :

- l'État et ses établissements publics autres que ceux ayant un caractère industriel et commercial ;
- les collectivités territoriales et les établissements publics locaux, les EPCI.

■ Un marché public est donc un accord écrit, actant de l'accord de volonté entre au moins deux personnes dotées de la personnalité juridique, pour répondre aux besoins de l'administration publique en matière de fournitures, services et travaux.

■ La passation d'un marché public est soumise à des règles de publicité, de mise en concurrence et d'impartialité.

■ L'acheteur public doit se conformer à différents types de procédures, déterminés notamment en fonction du montant, de la nature du marché (travaux, fourniture ou services) et du type d'acheteur public (État, collectivités territoriales ou établissements publics). En fonction des montants hors taxe engagés pour l'achat public et de l'objet du marché, les procédures à respecter sont différentes.

■ Une nouvelle réforme d'importance a pris effet au 1er avril 2016. Il s'agit d'une **refonte des contrats de la commande publique**. L'ensemble des dispositions, jusqu'alors dispersées dans plusieurs textes différents, dont le Code des marchés publics, l'ordonnance du 6 juin 2005 et l'ordonnance du 17 juin 2004 sur les contrats de partenariat, est dorénavant rassemblé en un **seul corpus**. Le Code des marchés publics n'existe plus, on parle d'une « **ordonnance relative aux marchés publics** » avec des décrets d'application.

Dès le 1er janvier 2017, les collectivités devront accepter les factures électroniques provenant des grosses entreprises. Et l'ensemble des marchés publics devra être **dématérialisé en 2018**. D'ores et déjà, pour favoriser la dématérialisation des procédures, la signature électronique obligatoire des offres disparaît.

■ Ce travail de modernisation doit aboutir à la **création d'un code de la commande publique qui intégrera notamment le nouveau régime des concessions (ex. DSP)**.

5. Quelles sont les principales ressources d'une commune ?

■ La commune, collectivité territoriale, bénéficie à ce titre de l'autonomie financière. Elle a des ressources propres pouvant être regroupées en **deux grandes catégories**.

■ **Les ressources définitives**
Ce sont les ressources les plus importantes quantitativement. Elles proviennent des **impôts, des taxes et des concours de l'État :**

– Les **quatre principaux impôts directs locaux**, dont trois concernent les ménages sont les suivants :
- la taxe d'habitation ;
- la taxe foncière sur les propriétés bâties ;
- la taxe foncière sur les propriétés non bâties ;
- la contribution économique territoriale (ex-taxe professionnelle).

Ces **quatre taxes** représentent à elles seules **90 % de la fiscalité directe locale.**
– La fiscalité locale comporte en outre **d'autres impôts directs locaux moins importants** (par exemple la taxe d'enlèvement des ordures ménagères), ainsi que de **nombreuses taxes** formant le contingent de la **fiscalité locale indirecte** (par exemple, droits de mutation à titre onéreux, taxe sur les surfaces commerciales, sur les emplacements publicitaires). Ce sont tous les produits de la fiscalité qui permettent d'atteindre l'équilibre budgétaire.

En 2014, la fiscalité communale représente **119,2 milliards d'euros**.
– Les **dotations financières de l'État** qui représentent **55,9 milliards d'euros** en 2015 (toutes collectivités confondues) : par exemple, la dotation globale de fonctionnement (DGF) s'élevant à **36,6 milliards d'euros** en 2015. L'ensemble des transferts financiers de l'État en faveur des collectivités territoriales est estimé pour 2015 à 101,4 milliards d'euros.

– Les **produits d'exploitation du domaine et des services publics** (recettes d'assez faible importance) : loyers sur des biens du domaine privé, rémunération d'une convention d'occupation du domaine public, etc. ; les revenus des services publics locaux et, le cas échéant, les fonds structurels européens.

■ **Les ressources temporaires**
La commune peut recourir à **l'emprunt**, mais cette ressource doit exclusivement financer la section d'investissement du budget communal.

En 2013, le recours à l'emprunt de l'ensemble des communes s'est élevé à **16,8 milliards d'euros**. En 2015, ce montant a fortement diminué : 8,6 milliards d'euros.

6. Qu'est-ce qu'un budget annexe ?

■ À côté du budget principal, on trouve les budgets annexes. Ils rassemblent les opérations financières des services publics industriels et commerciaux. Certains sont obligatoires comme l'eau, l'assainissement. C'est en effet la loi qui a défini les différents types et catégories de budgets annexes possibles.

■ L'intérêt de ces budgets est d'établir le coût réel du service et d'en déterminer avec précision le prix à payer par les seuls utilisateurs pour équilibrer les comptes. Cela permet de rationaliser la gestion de la collectivité.

■ Les budgets des CCAS ou des caisses des écoles appelés communément « budgets annexes » s'apparentent plus à un budget autonome, dans la mesure où ce sont les instances propres de l'établissement qui adoptent le budget.

■ Les budgets annexes sont une exception à la règle de l'unité ainsi qu'à la règle de l'universalité.

7. Quelles sont les principales ressources d'un EPCI à fiscalité propre ?

■ Les EPCI à fiscalité propre relèvent de l'intercommunalité de projet (forme fédérative), elles exercent à ce titre des compétences obligatoires. Pour ce faire, elles sont dotées de moyens propres que nous détaillons ci-dessous.

■ Les **contributions fiscalisées**, avec deux régimes fiscaux qui sont autorisés aux EPCI :

- une fiscalité additionnelle à celle perçue par les communes (taxe d'habitation, taxe foncière sur les propriétés bâties, taxe foncière sur les propriétés non bâties, contribution économique territoriale, CET) ;
- ou bien, dans certains cas, à la place des communes (taxe professionnelle unique).

Les EPCI votent donc les taux d'imposition qu'ils veulent voir appliqués, dans le respect des dispositions légales.

■ Les **concours financiers de l'État**, qui sont des sources de financement non fiscales, elles sont principalement **au nombre de quatre** :

- la dotation globale de fonctionnement (**DGF**) ou « dotation d'intercommunalité » ;
- la dotation de développement rural (**DDR**), qui est versée, sous certaines conditions démographiques, aux groupements de communes à fiscalité propre exerçant une compétence en matière d'aménagement de l'espace et de développement économique ;
- le fonds de compensation de la TVA (**FCTVA**) ;
- la dotation globale d'équipement (**DGE**).

■ Les produits des **redevances**, *taxes* (taxe sur l'enlèvement des ordures ménagères par exemple) ou des **prestations/services** perçus auprès des habitants et/ou usagers.

■ En 2013, les recettes de l'ensemble des EPCI à fiscalité propre se sont élevées à **51 millions d'euros**.

8. Quelles sont les compétences de la Cour de discipline budgétaire et financière ?

■ Créée par la **loi du 25 septembre 1948**, la Cour de discipline budgétaire et financière est liée à la Cour des comptes.

■ Elle est composée de membres de la Cour des comptes et de membres du Conseil d'État. Elle est présidée par le premier président de la Cour des comptes et son vice-président est le président de la section des finances du Conseil d'État. Elle comprend en outre, depuis la **réforme 2005 (décret du 17 juin 2005)**, cinq membres du Conseil d'État et cinq membres de la Cour des comptes, nommés par décret en Conseil des ministres pour cinq ans. Six membres suppléants sont également nommés (trois en provenance du Conseil d'État, trois en provenance de la Cour des comptes). Ses membres se répartissent en **deux sections**.

■ **Ses missions** consistent à sanctionner les actes des agents publics qui constituent des fautes lourdes ou des irrégularités dans la gestion des finances publiques :

- **infractions aux règles de la comptabilité publique :** engagement d'une dépense en infraction avec les règles du contrôle financier, imputation irrégulière d'une dépense en vue de dissimuler un dépassement de crédit, engagement d'une dépense par une personne non habilitée, etc. ;
- **infractions à la morale administrative :** attribution dans l'exercice des fonctions d'un avantage injustifié, pécuniaire ou en nature, à autrui ou elle-même, préjudice porté à la collectivité.

■ Sont **justiciables** de la Cour : les membres des cabinets ministériels, les fonctionnaires et les personnes liées à un organisme soumis au contrôle de la Cour des comptes, dès lors qu'ils ont participé à des actes de gestion. Les membres du gouvernement ne sont pas justiciables de la Cour ; les élus locaux, en tant qu'ordonnateurs, ne le sont que dans des situations exceptionnelles (par exemple, quand ils sont à l'origine d'une condamnation de leur collectivité à une astreinte).

9. Expliquez en quoi consiste la dématérialisation des procédures dans l'achat public.

■ La dématérialisation des procédures d'achat concerne l'utilisation de moyens électroniques dans le cadre de la passation de marchés publics : dématérialisation des documents de la consultation, des candidatures et des offres ; signature électronique des candidatures et des offres, sécurisation des procédures électroniques de passation des marchés formalisés des pouvoirs adjudicateurs. Pour tous les achats publics (fournitures, services ou travaux) supérieurs à **90 000 euros HT**, l'acheteur ne peut pas refuser de recevoir les candidatures **par voie électronique**.

■ Cela permet de faire des économies, notamment de temps, mais aussi de simplifier les relations avec les entreprises et moderniser l'administration.

■ **L'ordonnance du 26 juin 2014** relative au développement de la facturation électronique prévoit la généralisation des factures sous forme électronique dans les relations entre les personnes publiques (État, collectivités territoriales et établissements publics) et leurs fournisseurs. L'obligation pour les personnes publiques de recevoir les factures sous format électronique s'appliquera **dès le 1er janvier 2017**.

10. Quelles sont les règles à respecter dans l'achat public par une collectivité territoriale ?

■ L'achat public est une dépense en vue de l'acquisition de biens ou services visant à satisfaire des besoins propres exprimés par l'acheteur (à la différence d'une subvention notamment).

■ L'achat public obéit à des **principes fondamentaux** qui ont été fixés par le décret du 1er août 2006 portant Code des marchés publics, à savoir :

– la liberté d'accès à la commande publique :

• une procédure de publicité est nécessaire pour informer notamment, sur l'objet du marché, le montant du marché, etc.; mais, en-deçà de **24 499 euros HT**, la mise en concurrence et la publicité ne sont pas requises ; la collectivité peut simplifier la mise en concurrence, par exemple en demandant 2 ou 3 devis à des fournisseurs potentiels, et le contrat n'est pas obligatoirement écrit ;

• **entre 25 000 et 89 999 euros HT**, une procédure de publicité et de mise en concurrence est exigée, mais selon des modalités librement définies par la collectivité ;

• **à partir de 90 000 euros HT et jusqu'à 208 999 euros** (pour les marchés de fournitures et travaux), la publication au *Bulletin officiel des annonces des marchés publics* (BOAMP) ou dans un journal habilité à recevoir des annonces légales est obligatoire ;

• à partir de 209 000 euros HT (pour les marchés de fournitures et travaux), la publication au *Bulletin officiel des annonces des marchés publics* (BOAMP) ainsi qu'au *Journal officiel de l'Union européenne* (JOUE) est obligatoire.

– **l'égalité de traitement des candidats :** des règles claires doivent être fixées dans l'avis de publicité et dans le règlement de consultation afin de garantir la libre concurrence et le même niveau d'information sur les conditions du marché pour tous les candidats ; c'est l'application du **principe d'impartialité** ; une inégalité de traitement peut être considérée comme constitutive d'un délit de favoritisme et générer des sanctions pénales ;

– **la transparence des procédures :** dans le règlement de la consultation, il faut énoncer clairement les critères de sélection des candidatures et des offres, ainsi que les modalités de pondération et de jugement des offres.

Pour tous les achats publics (fournitures, services ou travaux) supérieurs à **90 000 euros HT**, le pouvoir adjudicateur doit disposer d'un **profil d'acheteurs**.

■ Ces principes permettent d'assurer l'efficacité de la commande publique et la bonne utilisation des deniers publics.

11. Expliquez le principe de séparation de l'ordonnateur et du comptable.

■ Le principe de séparation de l'ordonnateur et du comptable constitue l'une des deux seules règles fondamentales de la comptabilité publique (pour rappel, l'autre règle institue la responsabilité personnelle et pécuniaire du comptable).

■ Ce principe est posé à **l'article 20 du décret du 29 décembre 1962** : « Les fonctions d'ordonnateur et celles de comptable public sont incompatibles [...], les conjoints des ordonnateurs ne peuvent être comptables des organismes auprès desquels lesdits ordonnateurs exercent leurs fonctions. » C'est la garantie de la sécurité dans la gestion des fonds publics.

■ L'ordonnateur et le comptable sont chargés, ensemble mais chacun dans son rôle, de l'exécution du budget de la collectivité ou établissement public : « Les opérations financières et comptables résultant de l'exécution des budgets ou des états de prévision de recettes et de dépenses des organismes publics incombent aux ordonnateurs et aux comptables publics. Ces opérations concernent les recettes, les dépenses, la trésorerie et le patrimoine. »

■ **L'ordonnateur**, qui est l'exécutif des collectivités (maire, président du conseil départemental ou régional), donne l'ordre d'engager les dépenses et de recouvrer les recettes, mais il ne peut pas manipuler les fonds publics. Il tient le compte administratif.

■ **Le comptable public** est chargé d'exécuter les dépenses et les recettes selon les indications de l'ordonnateur, mais il ne lui est pas subordonné. Il est responsable personnellement et sur son propre argent de ces opérations. C'est un fonctionnaire de l'État dépendant du corps des comptables du Trésor. Il tient le compte de gestion de la collectivité.

■ L'application du budget obéit à des règles précises faisant intervenir successivement l'ordonnateur et le comptable public.

Pour les dépenses, il y a **quatre opérations**, trois relevant de l'ordonnateur (phase administrative) et une du comptable (phase comptable) :

- **l'engagement :** décision par laquelle l'ordonnateur décide d'effectuer une dépense. Elle se traduit par l'affectation des crédits nécessaires au règlement de la dépense ;
- **la liquidation :** il s'agit de vérifier la réalité de la dette de la collectivité et de fixer le montant de la dépense ;
- **l'ordonnancement :** c'est le mandat de paiement par lequel l'ordonnateur donne l'ordre au comptable de payer ;
- **le paiement par le comptable :** il procède d'abord à certaines vérifications, portant sur la régularité des opérations précédentes, et ensuite au paiement de la dépense (établit les chèques, effectue les virements), se succèdent également la phase administrative puis la phase comptable.

Pour les recettes : il y a l'émission d'un ordre de recettes (phase administrative) ; la collectivité constate qu'un administré doit s'acquitter d'une somme correspondant à un service qui lui a été rendu (par exemple, repas pris dans une cantine scolaire, etc.) ; le contrôle, notamment de l'existence de l'autorisation de percevoir la recette et son recouvrement, c'est-à-dire son encaissement par le comptable public, constitue la phase comptable.

12. Expliquez le processus d'élaboration du budget d'une commune.

■ On distingue **deux grandes étapes** dans le processus d'élaboration du budget d'une commune.

■ **L'étape technique :**

– L'exécutif prépare le budget, avec l'appui de l'élu délégué aux finances, des services dépensiers municipaux qui vont faire des propositions et de la direction des finances qui centralise toutes les propositions et assure les différentes opérations de préparation du budget.

– Les services de l'État apportent également leur concours en communiquant le montant prévisionnel des bases des quatre taxes, les éléments de calcul de la DGF, en donnant des informations sur l'évolution du contexte économique national, donc les éléments de calcul pour prévoir les recettes.

– La commission municipale des finances est consultée pour examiner les différentes propositions faites par les services.

– Le débat d'orientation budgétaire permet également de donner des informations complémentaires résultant des orientations qui vont être définies par le conseil municipal.

■ **L'étape politique :**

– Il y a d'abord les réunions entre le maire et ses adjoints pour hiérarchiser et faire des premiers arbitrages, avec l'appui de la direction générale des services.

– Il y a ensuite le débat d'orientation budgétaire (DOB), obligatoire dans toute commune de 3 500 habitants et plus. Un débat doit avoir lieu au conseil municipal sur les orientations générales du budget, deux mois avant l'examen de celui-ci et donner lieu à une délibération spécifique.
Ceci s'inscrit dans la logique du droit à l'information et du renforcement de la démocratie locale prévus dans le titre II de la loi d'orientation du 6 février 1992 relative à l'administration territoriale de la République.

– Ce n'est qu'à l'issue des deux étapes que sera organisé le vote du budget. Le budget doit être voté au plus tard le **15 avril** de l'année à laquelle il s'applique (le 30 avril en année électorale).

13. Qu'est-ce qu'un budget primitif ?

■ Le budget primitif **(BP)** traduit en termes financiers les orientations et priorités politiques de chaque collectivité. Le budget doit contenir les dépenses correspondant à ces missions.

■ Le BP est un acte juridique qui prévoit et autorise les recettes et les dépenses pour une année civile. Il énonce très précisément l'ensemble des recettes et des dépenses pour l'année à venir.

■ Le BP est préparé et exécuté par l'organe exécutif, en collaboration étroite avec les services. Il doit être voté avant le 15 avril de chaque année. Il est contrôlé par le préfet et la chambre régionale des comptes (CRC).

■ Le BP est structuré en **deux sections** : la **section de fonctionnement** et la **section d'investissement**, chacune se composant d'une colonne dépenses et d'une colonne recettes. À l'intérieur de chaque colonne, il existe des chapitres, correspondant à chaque type de dépense ou de recette, ces chapitres étant eux-mêmes divisés en articles.

■ **La section de fonctionnement regroupe :**

– toutes les dépenses nécessaires au fonctionnement de la collectivité (charges à caractère général, de personnel, de gestion courante, intérêts de la dette, dotations aux amortissements, provisions) ;

– toutes les recettes que la collectivité peut percevoir des transferts de charges, de prestations de services, des dotations de l'État, des impôts et taxes, et éventuellement, des reprises sur provisions et amortissement que la collectivité a pu effectuer, notamment le produit des quatre grands impôts directs locaux, la dotation globale de fonctionnement (DGF) et la dotation générale de décentralisation (DGD).

■ **La section d'investissement comporte :**

– en dépenses : le remboursement de la dette et les dépenses d'équipement de la collectivité (travaux en cours, opérations pour le compte de tiers, etc.) ;

– en recettes : les emprunts, les dotations et subventions de l'État. On y trouve aussi une recette d'un genre particulier, l'autofinancement, qui correspond en réalité au solde excédentaire de la section de fonctionnement.

14. En quoi consiste le contrôle budgétaire des collectivités territoriales ?

■ Le budget est un acte administratif soumis à un contrôle spécifique, en plus du contrôle du droit commun des actes administratifs des collectivités territoriales (contrôle de légalité). Créé par **la loi du 2 mars 1982**, le contrôle budgétaire remplace la tutelle financière qui était un contrôle *a priori*.

■ Le contrôle budgétaire relève de la **compétence exclusive du préfet**, en liaison avec la **chambre régionale des comptes (CRC)**. Il vise au respect des règles de bonne gestion applicables tant au niveau de l'élaboration des actes qu'à celui de leur exécution. Le préfet est seul habilité, dans les cas prévus par le CGCT et après avis de la CRC, à réformer les documents budgétaires ; il détient un pouvoir de substitution qui lui permet de régler d'office et de rendre exécutoire le budget d'une collectivité.

■ Le contrôle budgétaire est prévu dans quatre cas :

– **Le budget n'est pas adopté à la date légalement prescrite**, le 15 avril de chaque année, ou le 30 avril les années d'élection : le préfet saisit la CRC qui formule des propositions pour le règlement du budget dans le délai d'un mois. Le préfet va régler le budget et le rendre exécutoire dans un délai de 20 jours à compter de la notification de l'avis de la CRC. Il doit assortir sa décision d'une motivation explicite s'il s'écarte des propositions de la CRC.

– **Le budget n'est pas adopté en équilibre réel :** le préfet saisit la CRC dans un délai de 30 jours à compter de la transmission du budget. La CRC constate le déséquilibre. Dans les 30 jours à compter de la saisine, elle propose à la collectivité les mesures nécessaires au rétablissement de l'équilibre et demande une nouvelle délibération qui doit intervenir dans le délai d'1 mois. Si les mesures sont jugées suffisantes par la CRC, le budget est définitivement arrêté par la collectivité. Si la nouvelle délibération n'est pas prise dans les délais impartis ou si les propositions de redressement sont jugées insuffisantes par la CRC, le budget est réglé et rendu exécutoire par le préfet qui va inscrire des recettes supplémentaires ou diminuer des dépenses.

– Il existe un **déficit de l'arrêté de comptes**.

– **En cas d'omission ou d'insuffisance de crédits correspondant à des dépenses obligatoires** (dépense prévue par la loi ou résultant d'une décision de justice ou d'un engagement contractuel) : le préfet a le pouvoir d'inscrire d'office une dépense obligatoire non inscrite au budget, après saisine de la CRC. Si celle-ci reconnaît le caractère obligatoire de la dépense, elle met en demeure la collectivité d'inscrire la dépense au budget. Si cette mise en demeure n'est pas suivie d'effet, la CRC demande au préfet d'inscrire la dépense.

15. Quelle est la procédure d'exécution des dépenses dans une collectivité ?

■ Il faut distinguer **deux phases** dans l'exécution des dépenses : une **phase administrative** et une **phase comptable**.

■ **La phase administrative :**

– L'engagement de la dépense :

Selon l'article 29 du décret du 29 décembre 1962, il s'agit d'un « acte par lequel un organisme public crée ou constate à son encontre une obligation de laquelle résultera une charge ». Il s'agit d'actes unilatéraux comme une commande de matériel, un arrêté nommant un fonctionnaire ou d'actes multilatéraux comme un contrat ou un marché.

Ces engagements juridiques sont précédés d'engagements comptables qui consistent à affecter les crédits à une opération précise.

– La liquidation de la dépense :

Le décret du 29 décembre 1962 rappelle la double nature de la liquidation. D'abord elle « a pour objet de vérifier la réalité de la dette ». C'est la traduction de la **règle du service fait**, selon laquelle le paiement des dettes est subordonné à la constatation de l'existence des prestations ou des services commandés. Elle a aussi pour objet « d'arrêter le montant de la dépense », c'est la liquidation proprement dite, c'est-à-dire le calcul de la dépense elle-même.

Il y a des **procédures exceptionnelles** en matière de liquidation des dépenses et qui dérogent à la règle du service fait. Ce sont les **avances**, c'est-à-dire des versements intervenant avant l'exécution de la prestation. Ce sont également les **acomptes :** la prestation est fractionnée en plusieurs tranches, la fin de chacune des tranches donnant lieu au paiement du montant correspondant ; les acomptes sont donc des versements en cours d'exécution d'un marché.

– L'ordonnancement de la dépense :

« L'ordonnancement est l'acte administratif donnant, conformément aux résultats de la liquidation, l'ordre de payer la dette de l'organisme public » (décret du 29 décembre 1962). Lorsque l'ordonnateur est une autorité territoriale, un président d'EPCI, c'est sous la forme plus simple d'un mandat de paiement qu'il est pris.

■ **La phase comptable :**

L'intervention du comptable débouche sur le paiement après qu'un contrôle ait été entrepris.

– Le contrôle :

Il s'agit d'un contrôle de la régularité budgétaire. En effet, en application de la jurisprudence, le comptable ne peut se faire juge de la légalité des décisions administratives.

Le contrôle de l'opportunité est donc formellement exclu. Le décret du 29 décembre 1962 précise les points contrôlés et prévoit les suites.

Le contrôle porte sur **cinq points :** la qualité de l'ordonnateur, l'exacte imputation des dépenses aux chapitres qu'elles concernent, la disponibilité des crédits, la validité de la créance et le caractère libératoire du paiement.

Dans la majorité des cas, le contrôle ne révèle aucune irrégularité. Le comptable procède donc au paiement. Dans d'autres cas, une irrégularité est constatée, le comptable suspend alors le paiement. Il informe l'ordonnateur de sa décision et il la motive. L'ordonnateur peut, soit renoncer à l'opération, soit la régulariser si cela est possible. Il peut aussi user de son droit de réquisition si la suspension du paiement n'est pas motivée par l'indisponibilité des crédits, l'absence de service fait, l'absence de visa du contrôleur financier ou encore le caractère non libératoire du paiement. Sur le plan formel, l'ordre de réquisition est transmis à la Cour des comptes. Le comptable doit alors payer ; toutefois, sa responsabilité est dégagée. C'est l'ordonnateur qui engage sa propre responsabilité.

– Le paiement :

Le comptable procède au règlement de la dette en payant par le biais de différents moyens.

16. Que savez-vous de la Cour des comptes ?

- Créée par la loi du **16 décembre 1807**, la Cour des comptes est une juridiction administrative indépendante.

- Ses **modalités de fonctionnement** sont les suivantes :

  – La Cour des comptes comprend **sept chambres** composées d'un président de chambre, de conseillers maîtres, de conseillers référendaires, d'auditeurs, de rapporteurs et d'experts. Chaque chambre se voit attribuer des domaines de compétences. La Cour est présidée par un premier président, Didier MIGAUD.

  – Tous les membres sont des magistrats inamovibles régis par les dispositions statutaires de la fonction publique de l'État.

  – La Cour compte 735 magistrats et a un budget de fonctionnement de 214 millions d'euros.

  – Chaque chambre a un portefeuille de ministères et d'organismes publics ou privés dont elle va assurer la certification des comptes.

- Ses **cinq missions principales** sont les suivantes :

  – La **première mission** est de **juger de la régularité des comptes établis par les comptables publics** dans les différents services de l'État. C'est un **contrôle juridictionnel** très technique qui vérifie que les règles spécifiques s'imposant aux comptables publics sont bien respectées.
  Les comptes des comptables des collectivités territoriales et de leurs établissements publics sont, quant à eux, soumis au contrôle des chambres régionales des comptes. La Cour des comptes est, dans ce cas, **juge d'appel**.

  – La **deuxième mission** est de **contrôler le bon emploi et la bonne gestion des fonds publics**. C'est un contrôle administratif. Chaque année, la Cour procède à des investigations au cours desquelles les conseillers enquêtent sur pièces et sur place.

À l'issue de ces enquêtes, la Cour des comptes établit **un rapport**, destiné au ministre concerné, qui pointe les éventuelles défaillances ou gaspillages constatés dans un service.

Cette activité se concrétise aussi par la publication du **rapport annuel de la Cour des comptes**. Celui-ci est de plus en plus médiatisé, dans la mesure où il n'hésite pas à fustiger le mauvais emploi des deniers publics. Les conclusions de la Cour des comptes sur les dysfonctionnements administratifs dans l'utilisation de l'argent public doivent en principe donner lieu, de la part des pouvoirs publics, à des corrections.

  – La **troisième mission** est de **certifier la régularité, la sincérité et la fidélité des comptes de l'État, des entreprises publiques, de la Sécurité sociale**.

  – La **quatrième mission** est d'assister le Parlement et le gouvernement en vue de **vérifier la bonne exécution des lois de finances de l'État et des lois de financement de la Sécurité sociale.** Elle établit chaque année un rapport sur l'exécution des lois de finances, transmis au Parlement au mois de juillet.

– La **cinquième mission**, introduite par la révision constitutionnelle du 23 juillet 2008, est **d'assister,** de manière générale, **le Parlement** dans le **contrôle de l'action du gouvernement**.

La Cour des comptes est dirigée par le premier président, magistrat inamovible, nommé par décret pris en **Conseil des ministres**.

17. Quels sont les grands principes budgétaires ?

■ Ces principes, au nombre de **cinq**, font l'objet d'un contrôle exercé par le préfet et la chambre régionale des comptes (CRC), au titre du contrôle budgétaire.

■ **Premier principe : le principe d'annualité**

– Le budget vaut pour 12 mois, du 1er janvier au 31 décembre.

– Il doit être voté au plus tard le 15 avril de l'année à laquelle le budget s'applique (30 avril en année électorale).

■ **Deuxième principe : le principe de l'équilibre**

– Les deux sections investissement et fonctionnement doivent être votées respectivement en équilibre : les recettes et les dépenses doivent s'équilibrer à l'intérieur de chacune des deux sections du budget.

– Les recettes et les dépenses doivent être évaluées de façon sincère : les inscriptions budgétaires doivent tenir compte de tous les éléments de fait et de droit connus ou prévisibles au moment du vote du budget.

■ **Troisième principe : le principe d'unité**

– Toutes les recettes et les dépenses figurent dans un **document budgétaire unique**, le budget général de la collectivité (logiciel M14).

– Toutefois, d'autres **budgets, dits annexes**, peuvent être ajoutés au budget général afin de retracer l'activité de certains services (par exemple, le budget du CCAS). Les services publics industriels et commerciaux gérés directement par les communes doivent, quant à eux, obligatoirement figurer dans un budget annexe.

■ **Quatrième principe : le principe d'universalité**

Toutes les opérations de dépenses et de recettes sont indiquées dans leur intégralité : c'est l'exigence **de sincérité** des documents budgétaires, c'est le fait également que les recettes financent indifféremment les dépenses. C'est le principe de non-affectation d'une recette à une dépense.

■ **Cinquième principe : le principe de spécialité des dépenses**

Une dépense n'est autorisée que pour un service et un objet particuliers. Ainsi, les crédits sont affectés à un service, ou à un ensemble de services, et sont spécialisés par chapitre groupant les dépenses selon leur nature ou selon leur destination.

18. Qu'est-ce que le contrôle de gestion ?

■ La **circulaire du 21 juin 2001** relative au **développement du contrôle de gestion dans les administrations** définit le contrôle de gestion comme un « système de pilotage mis en œuvre par un responsable dans son champ d'attribution en vue d'améliorer le rapport entre les moyens engagés (y compris les ressources humaines) et soit l'activité développée, soit les résultats obtenus dans le cadre déterminé par une démarche stratégique préalable ayant fixé des orientations. Il permet d'assurer tout à la fois le pilotage des services sur la base d'objectifs et d'engagements des services et la connaissance des coûts, des activités et des résultats ».

■ Le contrôle de gestion est un outil de pilotage consistant à recueillir des données, des informations permettant d'assurer, en temps réel, le suivi opérationnel des actions mises en œuvre, de mesurer les écarts entre le prévisionnel, les objectifs fixés et le réalisé, les résultats du fonctionnement des services mais aussi de l'exécution des politiques décidées par les élus. Cette information stratégique est indispensable à la prise de décisions.

■ Le contrôle de gestion permet d'améliorer le suivi de l'utilisation des ressources, il s'inscrit donc dans une démarche de pilotage optimisé de l'action publique, pour une meilleure efficience.

■ Le contrôle de gestion s'avère d'autant plus nécessaire dans le cadre budgétaire actuel très contraint : il est un outil essentiel permettant une optimisation des dépenses et des recettes.

■ Le contrôle de gestion, **au travers de tableaux de bord de pilotage**, est donc un process continu, devant être entendu comme outil managérial stratégique. C'est avant tout un outil de dialogue entre la direction générale et les responsables opérationnels sur les résultats à atteindre et la façon d'y parvenir et ce, dans les meilleures conditions possibles.

19. Quelles sont les dépenses obligatoires d'une commune ?

■ Les dépenses obligatoires d'une commune sont celles prévues par la loi ; la liste des dépenses obligatoires est codifiée dans le CGCT.

■ Ces dépenses obligatoires doivent donc être inscrites au budget de la commune, sachant que si une dépense obligatoire n'est pas inscrite au budget, le représentant de l'État peut l'inscrire d'office.

■ Sont ainsi obligatoires les **dépenses suivantes** :

– les **dépenses de personnel** : les rémunérations des agents – englobant les charges sociales ; les indemnités de fonction des élus locaux, les cotisations pour financer les organismes de formation ;

– les **dépenses d'entretien et de maintien en bon état des équipements** : dépenses d'entretien des voiries communales, des cimetières, etc. ;

– les **dépenses relatives à certains services publics** : dépenses liées au service d'enlèvement des ordures ménagères, aux services de salubrité publique, au service d'éducation (fonctionnement de l'enseignement primaire), au service de santé publique, au service de transports publics, etc. ;

– les **dépenses concernant la participation d'une commune** aux dépenses d'une autre collectivité territoriale : participation au financement des dépenses de fonctionnement et d'investissement d'un collège quand un ou plusieurs enfants fréquentent un collège du département situé dans une commune différente du lieu d'habitation de l'élève ; dépenses relatives au financement d'un organisme de coopération intercommunale lorsqu'elle en est membre ;

– la **dotation aux amortissements et aux provisions** : dépense obligatoire de la section de fonctionnement pour toute commune de plus de 3 500 habitants.

20. Qu'est-ce que le compte de gestion ?

■ Le compte de gestion correspond à la double tenue de compte, celle tenue par le trésorier, agent de l'État.

■ Cette double tenue de compte décrit en permanence la situation patrimoniale de la collectivité, c'est-à-dire tout ce que la collectivité possède, tout ce qu'elle doit ou ce qu'on lui doit et la situation de la trésorerie (les disponibilités).

■ Avant le 1er juin de l'année qui suit la clôture de l'exercice, le trésorier établit un **compte de gestion** par budget voté (budget principal et budgets annexes).

■ Le compte de gestion retrace les opérations budgétaires en dépenses et en recettes, selon une **présentation analogue** à celle du compte administratif. Le compte de gestion comporte :

- une balance générale de tous les comptes tenus par le trésorier (comptes budgétaires et comptes de tiers notamment correspondant aux créanciers et débiteurs de la collectivité) ;
- le bilan comptable de la collectivité, qui décrit de façon synthétique l'actif et le passif de la collectivité ou de l'établissement local.

■ Le compte de gestion est également soumis au vote de l'assemblée délibérante qui peut constater ainsi la **stricte concordance** des deux documents, à savoir le compte administratif et le compte de gestion. Ce premier examen est suivi d'un second contrôle de nature juridictionnelle effectué par le juge des comptes.

■ Au vu des pièces justificatives, jointes en accompagnement du compte de gestion, le juge des comptes est à même d'apprécier la qualité de gestion du trésorier de la collectivité et peut, si des négligences sont constatées, engager la responsabilité personnelle et pécuniaire de celui-ci.

21. Qu'est-ce que le compte administratif ?

■ Le compte administratif est présenté de manière analogue au budget en faisant apparaître pour chaque chapitre ou article, à l'intérieur de chaque section, les prévisions budgétaires et les **opérations réellement effectuées en recettes et dépenses par l'ordonnateur**.

■ Le compte administratif est établi à l'aide de la comptabilité administrative tenue par l'ordonnateur et permet d'**assurer le contrôle des émissions de mandats et de titres de recettes effectuées durant l'exercice budgétaire** (année civile, y compris la journée complémentaire pour les dépenses et recettes de la section de fonctionnement seulement).

■ C'est donc **le compte de résultat au 31 décembre de l'exécution du budget annuel**.

■ Outre l'exécution du budget, le document comporte des informations statistiques et fiscales, des ratios, trois balances, une pour chaque section et une balance générale, ainsi que les annexes obligatoires, notamment : état de la dette, état des emprunts renégociés, tableau d'amortissement prévisionnel de la dette, état des immobilisations, état des cessions et acquisitions, état des provisions constituées, état du personnel, formation des élus, services assujettis à la TVA, état des concours aux associations, etc.

■ Le compte administratif de l'année N est présenté à l'assemblée délibérante par l'ordonnateur au plus tard le 30 juin de l'année N + 1. L'assemblée délibérante délibère et procède au vote sur le compte administratif en dehors de la présence de l'ordonnateur. Parallèlement, le comptable produit un compte de gestion à la clôture de chaque exercice qui doit strictement correspondre au résultat du compte administratif.

22. Quels sont les différents seuils de procédure des marchés publics pour les collectivités territoriales ?

■ Un seuil de procédure correspond à la valeur du marché au-delà de laquelle une procédure adaptée ou formalisée doit être lancée.

■ De plus, il importe de distinguer les **seuils de publicité** et les **seuils de procédure**.

■ **S'agissant des seuils de procédure**, il faut distinguer trois types différents de marchés déterminés en fonction de leur objet :

- marché de travaux : travaux du bâtiment et des constructions civiles (ponts, routes, etc.) ;
- marché de fournitures : achat de matériels, de mobilier ou de produits ;
- marché de services : services matériels (ex. : prestations d'entretien des locaux) ou immatériels (ex. : prestations de conseil).

■ Les seuils de procédure diffèrent selon la nature du besoin – donc selon les trois types de marchés identifiés ci-dessus – et du prix estimé :

- Le premier seuil est fixé à **24 999 euros HT** : jusqu'à ce seuil, les marchés sont considérés comme de faible montant ; aussi, la collectivité peut simplifier la mise en concurrence en demandant deux ou trois devis à des fournisseurs potentiels.
- Le deuxième seuil est fixé entre **25 000 euros HT et 208 999 000 euros HT** pour les marchés de fournitures et de services et **jusqu'à 5 224 999 euros HT** pour les marchés de travaux : la collectivité recourt à une procédure adaptée (négociation possible, mais à prévoir dans les documents de consultation).
- Le troisième seuil est fixé à partir de **209 000 euros HT** pour les marchés de fournitures et de services et à partir de **5 225 000 euros HT** pour les marchés de travaux : la collectivité doit recourir à une procédure formalisée.

23. Qu'est-ce que la loi MOP ?

■ **La loi du 12 juillet 1985 relative à la maîtrise d'ouvrage publique et à ses rapports avec la maîtrise d'œuvre privée, dite loi MOP** – et son décret d'application du **29 novembre 1993** –, met en place, pour les marchés publics, la relation entre maîtrise d'ouvrage et maîtrise d'œuvre. Elle constitue une des bases du droit de la construction publique avec le Code des marchés publics.

■ La loi MOP détermine les attributions, les missions des deux acteurs principaux de l'acte de construire dans le cadre d'une commande publique que sont la maîtrise d'ouvrage et la maîtrise d'œuvre.

■ La **maîtrise d'œuvre** est la mission que le maître de l'ouvrage peut confier à une personne de droit privé ou à un groupement de personnes de droit privé afin « d'apporter une réponse architecturale, technique et économique au programme » défini par le maître de l'ouvrage.

■ Le **maître d'œuvre** est « la personne physique ou morale, publique ou privée, qui, en raison de sa compétence technique, est chargée par le maître de l'ouvrage ou son mandataire, afin d'assurer la conformité architecturale, technique et économique de la réalisation du projet objet du marché, de diriger l'exécution des marchés de travaux, de lui proposer leur règlement et de l'assister lors des opérations de réception ainsi que pendant la période de garantie de parfait achèvement ».

■ **L'article 7 de la loi MOP** prévoit que « le maître de l'ouvrage peut confier au maître d'œuvre tout ou partie des **éléments de conception et d'assistance suivants** : les études d'esquisse ; les études d'avant-projet ; les études de projet ; l'assistance apportée au maître de l'ouvrage pour la passation du contrat de travaux ; les études d'exécution ou l'examen de la conformité au projet et le visa de celles qui ont été faites par l'entrepreneur ; la direction de l'exécution du contrat de travaux ; l'ordonnancement, le pilotage et la coordination du chantier ; l'assistance apportée au maître de l'ouvrage lors des opérations de réception et pendant la période de garantie de parfait achèvement ».

PARTIE 3

L'environnement professionnel

Les questions pour les catégories A et B

Questions corrigées

1. Quel est le rôle d'un directeur général des services (DGS) ?

■ Un DGS est le « chef d'orchestre », le **pilote des services administratifs** ; c'est lui qui coordonne, au quotidien, la mobilisation dynamique des ressources, des compétences techniques des services, afin de proposer à l'autorité territoriale et à son équipe, le meilleur cadre organisationnel pour mettre en œuvre le projet politique, le projet d'administration.

■ Il est le garant du fonctionnement serein et cohérent de l'administration, au service de l'intérêt général et du bien-être collectif. Il est le **collaborateur direct du maire, du président de la collectivité ou de l'EPCI**.

■ Il défend, au nom de l'autorité territoriale, les intérêts de la collectivité. À ce titre, il participe à la définition des choix stratégiques de la majorité politique et doit être en capacité d'arbitrer et réguler.

■ Il est l'interface entre élus et agents, il facilite la compréhension et la cohésion de la collectivité et veille au respect des droits et obligations des agents.

■ Le DGS « fait tourner la boutique » et donc assure un rôle de contrôle, de sécurité juridique et financière.

■ Le DGS est le **pivot entre sphère politique et administrative**, l'interface entre le projet politique et sa mise en œuvre administrative. Il donne du sens à l'action quotidienne des services, tout en étant à leur écoute.

2. Qu'est-ce que le principe de la hiérarchie des normes ?

■ La hiérarchie des normes correspond à un ordonnancement cohérent entre les règles de droit, les plus détaillées venant préciser les plus générales.

■ **Une norme ne peut méconnaître aucune de celles qui lui sont supérieures** : une décision administrative doit respecter les règlements qui lui sont supérieurs, les lois, les traités internationaux et la Constitution. La hiérarchie des normes juridiques s'ordonne par degrés, dans un ordre décroissant :

- le traité communautaire et textes dérivés ;
- les lois constitutionnelles ;
- les lois organiques (textes précisant certaines dispositions de la Constitution) ;
- les traités et accords internationaux ;
- les lois (lois référendaires, lois ordinaires, ordonnances prises par le gouvernement) ;
- les principes généraux du droit (principes dégagés et consacrés par le juge administratif). Ils sont très nombreux, notamment dans le domaine des droits et libertés (respect des droits de la défense, liberté du commerce et de l'industrie, égalité des citoyens dans l'accès aux services publics, la non-rétroactivité des actes administratifs, la continuité du service public, etc.) ;
- les règlements (actes pris par les autorités relevant du pouvoir exécutif, tels les décrets pris en Conseil des ministres et signés par le président de la République, les décrets en Conseil d'État, les décrets simples signés par le Premier ministre et les arrêtés pris par les ministres, les préfets et les maires).

3. Quels sont les différents types d'actes administratifs ?

■ Un acte administratif est une décision, un acte juridique, émanant d'une autorité administrative qui produit des effets de droit.

■ Il existe **deux grandes catégories** d'actes administratifs :

– Les **actes administratifs unilatéraux** : ils produisent des effets de droit, des obligations pour les administrés qui doivent s'y conformer, à compter de leur publication ou notification. Ces actes s'imposent, sans que leur consentement soit requis. Les effets des actes sont perpétuels tant qu'ils ne sont pas retirés ou abrogés. Il existe deux types d'actes administratifs unilatéraux : les **actes règlementaires** (décrets, délibérations de l'organe délibérant, etc.) qui ont une portée impersonnelle et générale et les décisions individuelles qui concernent une ou plusieurs personnes nommément désignées et qui octroient ou refusent un avantage, un droit (permis de construire, arrêté de nomination).
Ces actes doivent satisfaire un but d'intérêt général.

– Les **contrats** : ils reposent sur l'accord écrit d'au moins deux volontés ; ils sont créateurs de droits et obligations réciproques pour chacun des cocontractants. Il y a des contrats administratifs qualifiés comme tels par la loi. En l'absence de qualification du contrat par la loi, un contrat sera considéré comme administratif, si **deux critères cumulatifs** sont présents : un des signataires du contrat est une personne publique (mais un contrat entre deux personnes privées peut être exceptionnellement qualifié d'administratif) ; le contrat comporte des clauses exorbitantes du droit commun (modification unilatérale ou résiliation du contrat dans l'intérêt du service) ou bien porte sur l'exécution d'une mission de service public. Voici des exemples de types de contrats : les **marchés publics**, les **délégations de service public**, les **contrats de partenariat public-privé**.

4. Que savez-vous du Conseil constitutionnel (CC) ?

■ Le Conseil constitutionnel a été institué par la Constitution de la Vᵉ République du 4 octobre 1958. C'est une juridiction dotée de compétences variées, notamment du contrôle de conformité de la loi à la Constitution.

■ **Sa composition/son fonctionnement :**

– Le CC est composé de neuf membres nommés pour neuf ans. Les membres sont désignés par le président de la République et le président de chacune des assemblées du Parlement (Sénat et Assemblée nationale).

– Le CC se renouvelle par tiers tous les trois ans. Le mandat de conseiller n'est pas renouvelable, les anciens présidents de la République sont membres de droit.

Les membres sont soumis aux mêmes incompatibilités professionnelles que les parlementaires.

– Le CC ne siège et ne juge qu'en formation plénière. Ses décisions et avis sont rendus par sept conseillers au moins (règle du quorum). En cas de partage, la voix du président est prépondérante. La procédure est écrite et contradictoire.

– Le CC bénéficie de l'autonomie financière, sa dotation budgétaire étant inscrite dans le projet de loi de finances.

■ **Ses compétences/son rôle :**

– Le CC peut être saisi de la constitutionnalité d'une loi avant sa promulgation ou d'une question prioritaire de constitutionnalité ou est consulté pour rendre un avis.

– En tant que **juge de la constitutionnalité des lois**, le CC exerce :
• soit un **contrôle *a priori*** : le CC est obligatoirement saisi des lois organiques et des règlements des assemblées parlementaires, avant la promulgation des lois et l'entrée en vigueur des règlements. Pour les lois ordinaires, le CC peut être saisi soit par une autorité politique (président de la République, Premier ministre, présidents de l'Assemblée nationale ou du Sénat), soit par 60 députés ou 60 sénateurs au moins ;
• soit un **contrôle *a posteriori*** : notamment depuis le 1er mars 2010 pour une question prioritaire de constitutionnalité (QPC).

– Le CC **émet un avis** lorsqu'il est consulté par le président de la République sur la mise en œuvre de l'article 16 de la Constitution.

– Les décisions s'imposent aux pouvoirs publics et à toutes les autorités administratives et juridictionnelles. Elles ne sont susceptibles d'aucun recours.

5. Quel est le rôle du Conseil d'État ?

- Le Conseil d'État est la plus haute juridiction administrative en France.

- Le Conseil d'État exerce **deux missions historiques** : il est le conseiller du gouvernement pour la préparation des projets de loi, de décret ; il est aussi le juge administratif suprême qui tranche les litiges relatifs aux actes des administrations.

- **En tant que conseiller du gouvernement :**

  – Le Conseil d'État examine les **projets de loi et d'ordonnance**, avant que ceux-ci ne soient soumis au Conseil des ministres, ainsi que les projets de décret en Conseil d'État.

  – Il émet un avis sur la régularité juridique des textes (leur légalité), sur leur forme et sur leur opportunité administrative (leur cohérence avec d'autres textes juridiques).

  – Il peut aussi être consulté par le gouvernement sur toute question ou difficulté d'ordre juridique ou administratif.

  – Le Conseil d'État est également conseiller du Parlement sur les propositions de loi que ce dernier souhaite lui soumettre.

  – Le Conseil d'État adresse chaque année au président de la République un rapport public, qui énonce notamment les réformes d'ordre législatif, réglementaire ou administratif, qu'il propose au gouvernement.

- **En tant que juge administratif :**

  – Le Conseil d'État est le juge administratif suprême : il juge les litiges entre les particuliers et les personnes publiques. Il est le juge de cassation des arrêts des cours administratives d'appel et des juridictions administratives spécialisées ainsi que dans certaines matières des jugements des tribunaux administratifs.

  – Il juge en **premier et dernier ressort** les recours dirigés notamment contre les décrets, le contentieux des élections régionales et de l'élection des représentants français au Parlement européen. Il est compétent en appel pour les contentieux des élections municipales et cantonales.

  – Ainsi le Conseil d'État a fonction jurisprudentielle, **il unifie le droit administratif**.

  – Par sa double fonction, consultative et juridictionnelle, le Conseil d'État est un des rouages essentiels de l'État de droit.

  – Le Conseil d'État est également chargé, depuis 1990, d'assurer la gestion des tribunaux administratifs et des cours administratives d'appel, cette responsabilité incombant auparavant au ministère de l'Intérieur.

6. Quelle est la différence entre un projet de loi et une proposition de loi ?

■ Aux termes de l'**article 39 de la Constitution de 1958**, « l'initiative des lois appartient concurremment au Premier ministre et aux membres du Parlement ».

■ On appelle **projet de loi** tout texte déposé au nom du gouvernement, devant l'une ou l'autre des assemblées, par le Premier ministre. L'avis préalable du Conseil d'État doit être obligatoirement requis lors de l'élaboration d'un projet de loi.

■ On dénomme, au contraire, **proposition de loi**, tout texte qui provient d'une initiative parlementaire. Il importe de noter que, conformément à l'**article 40 de la Constitution**, une proposition de loi « n'est pas recevable lorsque son adoption aurait pour conséquence soit une diminution des ressources publiques, soit la création ou l'aggravation d'une charge publique ».

■ Les projets de loi représentent la grande majorité des initiatives législatives.

7. Que savez-vous du DIF ?

■ La loi du 2 février 2007 de modernisation de la fonction publique a créé pour tous les fonctionnaires un **droit individuel à la formation** (DIF). Il vise à assurer le développement professionnel des fonctionnaires et leur mobilité tout au long de leur carrière, ainsi que leurs aspirations personnelles. Le droit à la formation peut être attribué en fonction de la nature des actions de formation professionnelle et est encadré par une procédure spécifique dans le cadre de la relation agent-employeur.

■ **Les conditions d'utilisation du DIF :**

– Elles sont définies par le **décret du 15 octobre 2007**. Les agents non titulaires disposent également du DIF dans les conditions prévues par le décret du 26 décembre 2007.

– Le DIF permet à chaque agent de bénéficier d'un crédit d'heures pour suivre une action de formation professionnelle. L'agent peut en effet demander à utiliser son DIF pour bénéficier de certaines actions de formation continue, de périodes de professionnalisation, d'actions de préparations aux examens et concours, de bilan de compétences, de démarche de validation des acquis de l'expérience (VAE).

– Pour être éligible au DIF, une action de formation, doit, d'une part, être inscrite au plan de formation de la collectivité et d'autre part, relever, dans la typologie des actions de formation, soit de l'adaptation à l'évolution prévisible des métiers, soit du développement de qualifications ou d'acquisition de nouvelles qualifications. Le DIF ne peut pas être utilisé pour suivre une action de formation ayant pour objectif l'adaptation immédiate au poste de travail.

■ **La mise en œuvre du DIF :**

– Le DIF ouvre **un crédit de 20 heures annuel** pour les agents qui travaillent à plein temps. Dans les autres cas, le DIF est proportionné à la quotité de temps de travail. Ces heures peuvent se cumuler d'une année sur l'autre dans la limite d'un plafond fixé à 120 heures. Lors d'une mutation ou d'un changement d'administration, les droits acquis dans la précédente affectation sont conservés. L'agent peut exercer ce droit pendant ou en dehors du temps de travail. Dans ce dernier cas, l'agent bénéficie d'une allocation égale à 50 % de son traitement net horaire.

– Le DIF est **à l'initiative du fonctionnaire**, sa demande est formalisée par écrit, après visa du supérieur hiérarchique et transmise à sa direction gestionnaire. L'administration dispose de deux mois pour notifier sa décision. L'absence de réponse au terme de ce délai vaut acceptation. Le refus doit être motivé. Un second refus, portant sur une demande de même nature que celle initialement refusée ne pourra être notifié qu'après avis de la commission administrative paritaire locale.

– Dans le secteur privé, le DIF a été remplacé par le compte personnel de formation (CPF). Mais, à ce jour, cette réforme de la formation professionnelle ne s'applique pas aux agents de la fonction publique.

8. Quels sont les objectifs de la MAP, ses outils de mise en œuvre ?

■ En 2012, le gouvernement a engagé une réforme de l'État dénommée « **modernisation de l'action publique** » (MAP), en vue de réduire le déficit tout en simplifiant l'action publique.

■ La MAP 2012-2017 poursuit principalement **trois objectifs** :

– **Assurer la cohérence et l'efficacité de l'action publique :**

• Simplifier l'administration, améliorer l'efficience de l'action publique, promouvoir ainsi de nouvelles modalités d'intervention de la puissance publique et donc rénover les conditions de la gestion publique.

• Rationnaliser également l'organisation de l'administration territoriale déconcentrée de l'État.

– **Partir de l'écoute des citoyens et des usagers :**

• Simplifier et alléger la production normative de l'État, au service des entreprises et des collectivités locales.

• Améliorer l'implantation et l'accessibilité des services publics.

• Utiliser le numérique comme levier de transformation de la relation entre les usagers, les citoyens et la puissance publique.

– **Placer la gestion des ressources humaines au cœur de l'action publique :**

• Les agents publics sont associés au programme de modernisation de l'action publique afin d'identifier les pistes opérationnelles d'amélioration des conditions de travail, de simplification et d'allègement des tâches.

• Le programme de modernisation de l'action publique redonne toute sa place à la concertation et au dialogue social.

■ Il y a principalement **deux « outils »** pour assurer la mise en œuvre de la MAP :

– Le **secrétariat général pour la modernisation de l'action publique (SGMAP)** a été créé en octobre 2012. Il regroupe l'ensemble des services en charge de la politique de modernisation et administre le portail unique interministériel destiné à rassembler et à mettre à disposition librement l'ensemble des informations publiques de l'État (*open data*).

– Le **comité interministériel pour la modernisation de l'action publique (CIMAP)**, instance de décision et d'arbitrage en matière de modernisation de l'action publique, est présidé par le Premier ministre. Il arrête les orientations de la MAP et suit la mise en œuvre de l'ensemble des mesures engagées, notamment celles visant à accélérer la transition numérique.

9. Pouvez-vous expliquer le principe d'obligation d'obéissance hiérarchique ?

■ Cette obligation est posée par **l'article 28 de la loi 83-634 du 13 juillet 1983 modifiée** portant droits et obligations des fonctionnaires.

■ Tout fonctionnaire doit se conformer aux instructions de son supérieur hiérarchique, sauf dans le cas où l'ordre donné est manifestement illégal et de nature à compromettre gravement un intérêt public. Ainsi, l'obligation d'obéissance hiérarchique est l'obligation qui s'impose à tout agent public de se conformer aux instructions qu'il reçoit de ses supérieurs hiérarchiques. La désobéissance entraîne une sanction.

■ Cette obligation connaît toutefois **quatre limites** :
- le devoir de désobéissance en cas d'ordre manifestement illégal et de nature à compromettre gravement un intérêt public ;
- l'exercice du droit de retrait : tout agent a le droit de se retirer d'une situation de travail présentant un danger grave et imminent pour sa vie ou pour sa santé (décret du 10 juin 1985) ;
- un agent doit refuser de subir ou de faire subir des agissements de discrimination ou de harcèlement (moral ou sexuel) à un autre agent (cf. articles 6 et suivants de la loi du 13 juillet 1983) ;
- un agent est tenu de ne pas se conformer à un ordre manifestement illégal au regard du Code pénal (article L. 122).

10. Qu'est-ce qu'un centre communal d'action sociale (CCAS) ?

■ Un CCAS est un établissement public administratif (EPA) géré par la commune. Toute commune, à partir de 1 500 habitants (cf. loi NOTRe), doit constituer un CCAS, c'est une obligation.

■ Il a pour mission de développer des actions en direction des aînés, des publics fragilisés et de tous citoyens résidant sur le territoire. Juridiquement, les CCAS mènent « une action générale de prévention et de développement social dans la commune » qui se décline entre des **prérogatives obligatoires** (aide sociale légale, RSA, domiciliation) et des **prérogatives extra-légales**, donc facultatives (activités sociales, aides individuelles et de secours financiers ponctuels, etc.).

■ Les activités proposées sont donc **très diverses** : information sociale, services d'aides à la personne, animation de foyers pour personnes âgées, aides pour personnes dépendantes, hébergement d'urgence, octroi de prêts temporaires, gestion de structures de la petite enfance, etc.

■ Un CCAS est doté de la personnalité juridique et peut donc agir en justice en son nom propre. Il dispose de son propre budget et de son propre personnel.

■ Le CCAS est géré par un **conseil d'administration** qui est composé : du maire qui en est le président de droit, de membres élus en son sein par le conseil municipal, de membres nommés par le maire parmi des personnes qualifiées (représentants des associations locales caritatives) qui ne sont pas membres du conseil municipal. Les membres élus et nommés sont **en nombre égal**. Le nombre de membres du conseil d'administration est fixé par délibération du conseil municipal sans minimum, mais avec **un maximum de 16 personnes**. Le conseil d'administration est donc renouvelé après chaque élection municipale.

11. Qu'est-ce qu'un établissement public administratif (EPA) ?

■ Un EPA est une **personne morale de droit public** disposant d'une certaine autonomie administrative et financière en vue de remplir une **mission d'intérêt général autre qu'industrielle et commerciale**. Il est sous le contrôle de la collectivité territoriale.

■ L'EPA s'oppose à l'établissement public à caractère industriel et commercial (**EPIC**), dont l'objet est de vendre ou produire des biens, de fournir une prestation de service, dont les ressources viennent principalement de redevances perçues sur les usagers du service, dont les modalités de fonctionnement sont proches de celles d'une entreprise privée.

■ Le personnel d'un EPA est composé d'agents publics (fonctionnaires et agents non titulaires), ses décisions sont des actes administratifs et les conflits relèvent de la justice administrative.

■ Ainsi, à titre d'exemple, relèvent de la catégorie des EPA, les caisses des écoles, les CCAS.

12. Que savez-vous de la commission administrative paritaire (CAP) ?

- Ce sont les **articles 28 à 31 de la loi du 26 janvier 1984** modifiée qui organisent les commissions administratives paritaires (CAP) dans la fonction publique territoriale

- C'est un **organe consultatif** au sein duquel s'exerce le droit à participation des fonctionnaires ; c'est une instance du dialogue social.

- La CAP est composée **à parité** de représentants de la collectivité et de représentants des agents.

- La CAP doit être obligatoirement consultée pour toutes les questions liées à la carrière des agents, à **titre individuel** :
  - l'avancement, la promotion interne, la révision de la notation, les sanctions, la prolongation de stage, le refus de titularisation, etc. ;
  - le détachement, la disponibilité (sauf si accordés de droit), la mutation etc.

- La CAP est présidée soit par le président du centre de gestion (pour les collectivités obligatoirement affiliées, c'est-à-dire ayant moins de 350 agents titulaires et stagiaires à temps complet), soit par l'autorité territoriale (maire, président du conseil départemental ou régional) pour les collectivités non obligatoirement affiliées.

- L'administration peut suivre ou non cet avis en fonction de l'intérêt du service et de la situation personnelle de l'agent concerné.

- La CAP peut également être saisie par un agent, par exemple en cas de refus d'accepter une démission, en cas d'un litige relatif à l'exercice du temps partiel.

- Il y a une CAP par catégorie de fonctionnaires (A, B et C).

- Le mandat dure **quatre ans**.

- Il y a possibilité de prescriptions sur les conditions de travail.

13. Qu'est-ce qu'un comité d'hygiène, de sécurité et des conditions de travail (CHSCT) ?

■ Le CHSCT est une instance consultative du dialogue social, créée par l'organe délibérant de la collectivité, après avis du comité technique.

■ Le mandat dure **quatre ans**.

■ **À compter de 50 agents**, il est **obligatoire**. En dessous de ce seuil, les missions des CHSCT sont exercées par le comité technique du centre de gestion dont relève la collectivité et ses établissements.

■ Suite aux élections professionnelles du 4 décembre 2014, le CHSCT constitue le lieu privilégié de dialogue et de concertation dédié aux questions de santé de sécurité et de conditions de travail. Il a donc les **missions suivantes** :

- **un rôle consultatif** sur les projets d'aménagement importants modifiant les conditions de santé et de sécurité ou les conditions de travail ;
- **un rôle incitatif** : suggestion de mesures de nature à améliorer l'hygiène et la sécurité du travail ;
- **un rôle de contrôle** : peut procéder à une enquête en cas d'accident de service ou de maladie professionnelle, prescrire des mesures pour améliorer l'hygiène et la sécurité du travail ainsi que pour la formation des agents sur ces questions.

14. Qu'est-ce qu'un comité technique (CT) ?

- Le comité technique est la nouvelle dénomination du comité technique paritaire.

- Depuis le renouvellement général de ces comités, le **4 décembre 2014, la parité numérique n'est plus exigée** : le comité technique comprend désormais des représentants du personnel et des représentants de la collectivité territoriale qui peuvent être en nombre inférieur.

- Il est obligatoire de créer un CT pour toute collectivité et EPCI comptant **plus de 50 agents**.

- Le mandat dure **quatre ans**.

- Le CT est consulté sur les **questions d'ordre général et collectif concernant** :
  – l'organisation et le fonctionnement des services ;
  – les évolutions des administrations ayant un impact sur les personnels ;
  – le plan de formation ;
  – les conditions de travail, la durée du travail ;
  – les aides à la protection sociale complémentaire ;
  – le bilan social ;
  – l'incidence des nouvelles technologies sur les conditions de travail ;
  – les problèmes d'hygiène et de sécurité ;
  – la situation de l'égalité professionnelle entre les hommes et les femmes : données relatives au recrutement, à la formation, au temps de travail, à la promotion professionnelle, aux conditions de travail, à la rémunération et à l'articulation entre activité professionnelle et vie personnelle.

15. Qu'est-ce que le droit de participation des fonctionnaires ?

■ Le principe de participation signifie que les agents sont associés aux mesures qui les concernent, qu'elles soient individuelles ou collectives.

■ Ils prennent ainsi part, via leurs représentants, à l'organisation et au fonctionnement des services publics, à l'élaboration des règles statutaires et à l'examen des décisions individuelles relatives à leur carrière. Ils participent aussi à la définition et la gestion de l'action sociale, culturelle, sportive et de loisirs.

■ La **loi du 13 juillet 1983** portant droits et obligations des fonctionnaires définit les modalités de mise en œuvre de l'exercice de ce droit de participation, notamment par l'intermédiaire de délégués élus qui vont siéger dans différents organismes consultatifs.

■ Il existe **cinq instances consultatives**, permettant aux agents d'être associés aux décisions concernant notamment, l'organisation et le fonctionnement des services publics, les mesures d'ordre individuel relatives à la carrière, l'élaboration des règles statutaires, l'examen des décisions individuelles relatives aux carrières, la définition et la gestion de l'action sociale.

■ La **loi du 5 juillet 2010** sur la rénovation du dialogue social dans la fonction publique a profondément modifié les modalités de représentativité, la composition et le rôle des organismes consultatifs :

- obligation de parité pour certaines instances : certaines instances ont une obligation de parité numérique (nombre égal de représentants de l'administration et des personnels). Il s'agit des **commissions administratives paritaires (CAP)** – pour les fonctionnaires et les non-titulaires ;
- fin de l'obligation de parité pour certaines instances.

■ D'autres instances n'ont plus cette obligation de composition paritaire. Il s'agit d'abord des **comités techniques (CT)** et des **comités d'hygiène de sécurité et des conditions de travail (CHSCT)**. Il s'agit ensuite du **Conseil supérieur de la fonction publique (CSFP)**, présidé par le ministre de la Fonction publique, composé de représentants de l'administration et de représentants des organisations syndicales. Pour ces trois instances, seuls les représentants des personnels votent. Il s'agit enfin du **Conseil commun de la fonction publique (CCFP)**, créé par décret du 30 janvier 2012, composé de représentants des organisations syndicales des trois fonctions publiques, de représentants des employeurs territoriaux et hospitaliers et des représentants de l'État.

■ Les **CSFP** et **CCFP** sont consultés respectivement sur toute question d'ordre général concernant la fonction publique de rattachement et toute question d'ordre général commune aux trois fonctions publiques (évolution de l'emploi public, mobilité, etc.) et peuvent émettre des avis et recommandations. Le CSFP est l'organe supérieur de recours en matière disciplinaire.

16. Quelles sont les sanctions disciplinaires applicables aux fonctionnaires ?

■ Toute faute commise par un fonctionnaire, dans l'exercice ou à l'occasion de l'exercice de ses fonctions, l'expose à une sanction disciplinaire sans préjudice, le cas échéant, des peines prévues par la loi pénale. Par ailleurs, des faits répréhensibles commis par l'agent dans le cadre de sa vie privée l'exposent également à l'engagement d'une procédure disciplinaire s'ils portent atteinte à l'image de marque de sa collectivité.

■ Il n'existe **aucune définition légale de la faute**, aussi appartient-il à l'autorité territoriale d'apprécier la gravité de la faute commise par l'agent et de proposer la sanction appropriée. Les sanctions doivent être **proportionnées aux faits reprochés** à l'agent.

■ Les sanctions disciplinaires sont définies à **l'article 89 de la loi du 26 janvier 1984** pour les fonctionnaires titulaires, à **l'article 6 du décret du 4 novembre 1992** pour les fonctionnaires stagiaires.

■ **Pour les fonctionnaires titulaires**
Les sanctions disciplinaires applicables **aux fonctionnaires titulaires** sont au nombre **de neuf, réparties en quatre groupes**. Seules les sanctions du 1er groupe ne nécessitent pas l'avis préalable du conseil de discipline.

– Sanctions du 1er groupe :
• l'**avertissement** : c'est une faute de faible gravité ; l'autorité hiérarchique met en garde, verbalement ou par voie écrite, l'agent afin qu'il ne reproduise plus les faits reprochés ;
• le **blâme** : c'est une observation présentant néanmoins un caractère plus grave que l'avertissement ; le blâme doit faire l'objet d'un arrêté et figure au dossier de l'agent pendant 1 an ;
• l'**exclusion temporaire de fonctions pour une durée maximale de 3 jours** : le fonctionnaire est écarté du service, il est privé de toute rémunération pendant la durée correspondante (service non fait) : l'exclusion suspend les droits à l'avancement d'échelon et de grade.

– Sanctions du 2e groupe :
• l'**abaissement d'échelon** : cette sanction fait perdre au fonctionnaire le bénéfice d'un avancement d'échelon acquis et entraîne une diminution corrélative de sa rémunération ; le fonctionnaire peut également perdre le bénéfice d'un avancement de grade, lorsque celui-ci est subordonné à l'obligation d'avoir atteint un échelon précis ;
• l'**exclusion temporaire de fonctions pour une durée de 4 à 15 jours** : elle produit les mêmes effets que l'exclusion temporaire de fonctions de 1 à 3 jours.

– Sanctions du 3e groupe :
• la **rétrogradation** : l'agent est placé dans un grade inférieur à celui qu'il détenait ; lors d'une rétrogradation, le fonctionnaire peut être reclassé au-delà du grade immédiatement inférieur ;

• l'**exclusion temporaire de fonctions pour une durée de 16 jours à 2 ans** : elle produit les mêmes effets que l'exclusion temporaire de fonctions de 1 à 3 jours.

– Sanctions du 4e groupe :
• la **mise à la retraite d'office** : cette sanction entraîne la radiation des cadres ; cette sanction ne peut être prononcée que si le fonctionnaire bénéficie de 15 années de services publics effectifs.
Si le fonctionnaire a atteint l'âge d'admission à la retraite, la pension est à jouissance immédiate.
Dans le cas contraire les droits à pension étant conservés, l'agent bénéficiera de sa retraite à la date où il aura atteint l'âge d'admission ;
• la **révocation** : elle entraîne la radiation des cadres et la perte de la qualité de fonctionnaire. Si le fonctionnaire bénéficie d'au moins 15 années de services publics effectifs, le versement de sa pension s'effectuera à la date où il pourra y prétendre. Depuis l'entrée en vigueur de la **loi du 21 août 2003** portant réforme des retraites, il n'existe plus aucun cas de suspension de pension.

■ **Pour les fonctionnaires stagiaires**

Les sanctions disciplinaires sont au **nombre de cinq**, dont **deux** nécessitent l'avis du conseil de discipline :

– l'avertissement ;
– le blâme ;
– l'exclusion temporaire de fonctions d'une durée maximale de 3 jours ;
– l'exclusion temporaire de fonctions de 4 à 15 jours (conseil de discipline) ;
– l'exclusion définitive de service (conseil de discipline).

17. Quels sont les droits des fonctionnaires ?

- Les droits des fonctionnaires peuvent être classés en **trois catégories principales**.

- **Les droits des fonctionnaires en tant que citoyens :**

  – La **liberté d'opinion ou de conscience,** expressément affirmée par la **loi du 13 juillet 1983** : aucune distinction ne peut être faite entre les fonctionnaires en raison de leurs opinions politiques, syndicales, philosophiques ou religieuses, de leur sexe, de leur état de santé, apparence physique, handicap ou de leur appartenance ethnique. Liberté d'adhérer au parti politique de son choix, d'adopter toute croyance, toute philosophie ou toute religion et en changer librement. Elle doit cependant se concilier avec l'obligation de neutralité des agents dans leur service.

  – La **liberté d'expression** : c'est le pendant de la liberté d'opinion. Toutefois, à concilier avec l'obligation de réserve, le principe de neutralité et de laïcité du service public. Le fonctionnaire doit s'abstenir de manifester ses opinions dans l'exercice de ses fonctions.

- **Les droits liés à l'exercice des fonctions :**

  – Le **droit à la rémunération** : droit statutaire prévu par la **loi du 13 juillet 1983**. Après service fait, droit à une rémunération : le traitement, l'indemnité de résidence, SFT, primes, etc. Il est prolongé à la retraite par le versement d'une pension.

  – Les **droits à congés et décharges de service** : congés annuels, de maladie, de maternité, congé parental, congé de formation professionnelle, pour VAE, pour formation syndicale.

  – Le **droit à la protection fonctionnelle** : la collectivité doit protéger les fonctionnaires contre les menaces, violences, voies de fait, injures ou outrages, harcèlement moral – **loi de mars 2002** – dont ils peuvent être victimes dans l'exercice de leurs fonctions et de réparer, le cas échéant, le préjudice qui en résulte.

  – Le **droit à la protection de la santé** : l'administration doit assurer au fonctionnaire des conditions d'hygiène et de sécurité de nature à préserver sa santé et son intégrité physique. Elle assure un suivi médical de ses agents.

  – Le **droit d'alerte et de retrait (décret du 10 juin 1985** relatif à l'hygiène et à la sécurité du travail ainsi qu'à la médecine professionnelle et préventive dans la fonction publique territoriale). Tout agent peut suspendre son activité s'il a un motif raisonnable de penser que sa situation de travail présente un danger grave et imminent pour sa vie ou pour sa santé.

  – Le **droit à l'accès à son dossier individuel** : le dossier du fonctionnaire doit comporter toutes les pièces intéressant sa situation administrative. Interdiction d'y faire état des opinions ou des activités politiques, syndicales, religieuses ou philosophiques de l'agent.

  – Le **droit à la formation professionnelle** : droit reconnu par la **loi du 13 juillet 1983**. Avec la loi du 2 février 2007 sur la modernisation de la fonction publique est affirmé le droit individuel à la formation.

- **Les droits sociaux des fonctionnaires :**

  – Le **droit syndical** : droit statutaire prévu par la **loi du 13 juillet 1983**. Il est possible de créer des organisations syndicales, y adhérer et y exercer des mandats.

  – Le **droit de grève** : droit statutaire prévu par la **loi du 13 juillet 1983**. Il est à concilier avec le principe de continuité du service public. D'où l'application du trentième divisible, qui entraîne une retenue journalière égale au trentième du traitement mensuel pour toute grève d'une durée inférieure à une journée ; d'où également l'instauration d'un service minimum dans les hôpitaux, les écoles. Il n'y a pas de service minimum dans la FPT. Certains fonctionnaires en sont privés (policiers, militaires, etc.).

  – Le **droit de participation** : droit statutaire prévu par **la loi de juillet 1983**. Par l'intermédiaire de délégués, possibilité de participer à l'organisation des services publics, à l'élaboration des règles statutaires, et à l'examen des décisions individuelles concernant leur carrière (ex. : CAP, CT, CHSCT).

18. Quelles sont les obligations des fonctionnaires ?

■ Les obligations que doivent respecter les fonctionnaires sont plus nombreuses que celles qui s'imposent aux salariés du secteur privé. Ces sujétions sont liées au fait que les fonctionnaires sont au service de l'intérêt général.

Deux grandes catégories d'obligations s'imposent aux fonctionnaires, conformément à la **loi du 13 juillet 1983 :** les obligations professionnelles et les obligations morales.

■ **Les obligations professionnelles :**

– L'**obligation de service** : le fonctionnaire doit exécuter les tâches qui lui sont confiées à l'occasion du service. Il est donc astreint à une obligation de présence pour la durée légale du travail et doit assurer la continuité du service.

– L'**interdiction de cumul** : le fonctionnaire doit consacrer l'intégralité de son activité professionnelle aux tâches qui lui sont confiées. Mais suite à la réforme en 2007, il est possible d'exercer, à titre accessoire, une activité lucrative ou non, auprès d'une personne publique ou privée, dès lors que cette activité est compatible avec les fonctions confiées et ne porte pas atteinte au bon fonctionnement du service.

– L'**obligation d'information du public** : le fonctionnaire doit satisfaire aux demandes d'information du public. Cette obligation s'exerce dans le respect des règles relatives au secret professionnel, à l'accès aux documents

– L'**obligation de formation** (réforme de la formation, **loi de 2007**) : le fonctionnaire a le devoir de s'adapter au service public et de mettre ses connaissances à jour régulièrement. Le manquement à cette obligation constitue une faute.

– Le **devoir d'obéissance hiérarchique** : le fonctionnaire doit obéir aux ordres donnés par son supérieur hiérarchique, sauf dans le cas où l'ordre donné est manifestement illégal et de nature à compromettre gravement l'intérêt public.

■ **Les obligations liées à la morale professionnelle :**

– La **discrétion professionnelle** : le fonctionnaire ne doit communiquer aucune information, aucun document ou fait dont il a pris connaissance en raison de ses fonctions et ayant trait au service. Ce sont les informations de l'administration qui sont protégées. Contrairement à l'obligation de secret, tout manquement à l'obligation de discrétion n'est pas pénalement sanctionné. Cependant, en cas de non-respect de cette obligation, l'agent est passible de sanctions disciplinaires.

– Le **secret professionnel** : le fonctionnaire ne doit pas révéler les secrets qui lui ont été confiés dans le cadre de son métier, sauf en cas d'obligation légale. Le secret professionnel a pour but la protection des usagers. Il concerne uniquement certains métiers. Il est régi par les dispositions du Code pénal. Certains fonctionnaires (défense, médical, social, etc.) peuvent avoir connaissance de faits ou de projets qui exigent un secret absolu de leur part. Toutefois, un agent qui a connaissance dans l'exercice de ses fonctions d'un crime ou d'un délit, doit en informer le procureur de la République qui peut exiger son témoignage sur des faits couverts par le secret.

– L'**obligation de réserve** : le principe de neutralité du service public interdit au fonctionnaire de faire de sa fonction l'instrument d'une propagande quelconque. La réserve impose au fonctionnaire d'éviter en toutes circonstances des comportements portant atteinte à la considération du service public par les usagers. Le fonctionnaire ne doit pas exprimer ses opinions personnelles à l'intérieur ou à l'extérieur du service, dès lors que ses propos entravent le fonctionnement du service ou portent atteinte à la considération du service public par les usagers. Cette obligation de réserve s'applique également aux comportements. Mais les fonctionnaires investis d'un mandat politique ou de responsabilités syndicales disposent d'une plus grande liberté d'expression.

– L'**obligation de désintéressement** : le fonctionnaire ne peut prendre, sauf dérogation, par lui-même ou par personne interposée, dans une entreprise soumise au contrôle de l'administration à laquelle il appartient ou avec laquelle il est en relation, des intérêts de nature à compromettre son indépendance. Les manquements à cette obligation peuvent entraîner des sanctions pénales : la corruption passive, le trafic d'influences, la soustraction ou le détournement de biens.

■ Le **projet de loi relatif à la déontologie** et aux droits et obligations des fonctionnaires a été définitivement **adopté le 8 avril 2016**.

– Il **renforce certaines valeurs et obligations** : devoir d'exercer ses fonctions avec impartialité, probité, dignité et intégrité ; obligation de neutralité, respect de la laïcité. Mais, le **devoir de réserve n'est pas explicitement inscrit** dans la loi. Toutefois, le devoir de réserve est un principe jurisprudentiel, constituant une obligation consubstantielle à tout emploi public.
– Afin de prévenir les conflits d'intérêts, tout agent public qui, dans l'exercice de ses fonctions, est potentiellement exposé à des conflits d'intérêts, doit désormais remplir une **déclaration exhaustive de ses intérêts** avant d'être nommé à un poste à responsabilité ; cette déclaration sera intégrée dans le dossier individuel de l'agent et soumise à des garanties de confidentialité.
– Tout fonctionnaire a désormais le droit d'être accompagné d'un **référent déontologue** chargé de l'aider à respecter ses obligations déontologiques en lui donnant des conseils.
– Il **renforce la protection des lanceurs d'alerte**. La protection des lanceurs d'alerte concerne non seulement la dénonciation des crimes et délits, mais aussi les conflits d'intérêts. L'agent public ne peut pas être sanctionné pour avoir dénoncé de bonne foi un conflit d'intérêts. En outre, aucune mesure qui viendrait freiner sa carrière ne peut être prise contre lui.
– Il **allonge la durée de validité de la liste d'aptitude à quatre ans**.
– Le plan de titularisation des contractuels mis en place en 2010 est **prolongé jusqu'en 2018**.
– Le dispositif actuel sur le **cumul d'activités** est modifié. Un agent voulant créer une entreprise doit désormais solliciter un temps partiel, avec la possibilité de réaliser des « activités accessoires » (comme les services à la personne) et monter une micro-entreprise.

19. Qu'est-ce que l'assistant/le conseiller de prévention ?

■ L'assistant ou le conseiller de prévention est la nouvelle dénomination de l'ACMO.

■ Toute collectivité ou établissement public a obligation de désigner un agent ou des agents chargé(s) d'assurer, sous leur responsabilité, la mise en œuvre des règles d'hygiène et de sécurité (**loi 26 janvier 1984**). Ces agents sont **dénommés assistants ou conseillers de prévention**. L'assistant ou le conseiller de prévention constitue le niveau de proximité du réseau des agents de prévention. Le conseiller de prévention assure une mission de coordination ; il est institué lorsque l'importance des risques professionnels ou des effectifs le justifie.

■ Cette obligation est généralement confiée à un ou des agents nommés en interne.

■ La mission de l'assistant ou du conseiller de prévention est d'assister et de conseiller l'autorité territoriale dans la démarche d'évaluation des risques et dans la mise en place d'une politique de prévention des risques ainsi que dans la mise en œuvre des règles de sécurité et d'hygiène au travail visant à :

- prévenir les dangers susceptibles de compromettre la sécurité ou la santé des agents ;
- améliorer les méthodes et le milieu du travail en adaptant les conditions de travail en fonction de l'aptitude physique des agents ;
- faire progresser la connaissance des problèmes de sécurité et des techniques propres à les résoudre ;
- veiller à l'observation des prescriptions législatives et réglementaires prises en ces matières et à la bonne tenue du registre de santé et de sécurité au travail dans tous les services.

■ Le rôle de l'assistant ou du conseiller de prévention n'est pas d'exercer une mission de contrôle ou de surveillance concernant l'application des consignes de travail. Il n'a pas non plus pour attribution d'assurer la mise en œuvre des règles d'hygiène et de sécurité qui **relève de la responsabilité de l'encadrement**.

■ Pour mener à bien sa mission, l'assistant ou le conseiller de prévention bénéficie d'une formation préalable à sa prise de fonction de trois jours organisée par un organisme habilité. Il doit ensuite suivre chaque année une formation continue, de deux jours la deuxième année, puis d'un jour les années suivantes.

20. Quels sont les différents modes de recrutement dans la fonction publique territoriale ?

■ Le principe d'égale admissibilité est posé par **l'article 6 de la Déclaration des droits de l'homme et du citoyen du 26 août 1789**. Tous les citoyens « sont également admissibles à toutes dignités, places et emplois publics selon leur capacité et sans autre distinction que celle de leurs vertus et de leurs talents ».

■ **Le concours** est le principal mode de recrutement dans la fonction publique territoriale, c'est **la règle de droit commun**. Le concours permet de garantir le principe d'égalité d'accès aux emplois publics, qui figure dans la Constitution.

Cependant, la réussite préalable à un concours est nécessaire mais non suffisante pour être recruté à un poste créé par la collectivité. Les candidats admis au concours sont classés sur une liste d'aptitude, par ordre alphabétique. La validité de la liste cesse à l'issue d'un **délai de trois ans**.

■ Le **recours aux non-titulaires** n'est possible qu'à **titre dérogatoire**, dans les conditions prévues par **la loi du 26 janvier 1984, à savoir** :

- des **contractuels**, pour trois ans maximum, quand il n'existe pas de cadre d'emplois susceptibles d'assurer les fonctions recherchées ou lorsque la nature des activités ou les besoins de service le justifient ;
- pour des **emplois saisonniers ou occasionnels** pour six mois maximum, en vue de faire face à des besoins exceptionnels, limités dans le temps ;
- des **agents temporaires ou intérimaires** pour remplacer des fonctionnaires momentanément indisponibles ;
- les **emplois de « cabinet »** et certains **emplois fonctionnels de direction** dans les grandes collectivités (régions, départements, villes de plus de 80 000 habitants).

■ Les collectivités territoriales peuvent également recruter des agents qui possèdent déjà la qualité de fonctionnaire. Il s'agit du recrutement par **voie de mutation** lorsqu'une collectivité territoriale recrute un fonctionnaire ayant déjà la qualité de fonctionnaire territorial. Il s'agit également du recrutement par **voie de détachement** lorsqu'une collectivité territoriale recrute un fonctionnaire ayant déjà la qualité de fonctionnaire de l'État ou de fonctionnaire hospitalier. Ces deux modes de recrutement constituent les **voies de la mobilité**.

21. Qu'est-ce que le document unique d'évaluation des risques professionnels (DUERP) ?

■ Le **décret du 10 juin 1985** modifié relatif à l'hygiène et la sécurité du travail ainsi qu'à la médecine préventive pose un principe général : « l'autorité territoriale est chargée de veiller à la sécurité et à la protection de la santé des agents placés sous son autorité ». Les enjeux en découlant sont nombreux :

– **enjeu humain** : préservation de la santé, bien-être au travail, reconnaissance dans le travail ;

– **enjeu économique** : limitation des coûts liés à l'absentéisme, meilleur service rendu ;

– **enjeu juridique** : limitation de l'engagement de la responsabilité de l'employeur et de la hiérarchie.

■ Le document unique d'évaluation des risques professionnels **(DUERP)** a été instauré par le **décret du 5 novembre 2001**. Il est réalisé et mis à jour annuellement par l'autorité territoriale ; il répertorie l'ensemble des risques professionnels (dont les RPS) auxquels sont exposés les agents, afin d'**organiser la prévention** au sein du programme annuel de prévention.

■ L'autorité territoriale doit transcrire dans un **document unique**, les résultats de l'évaluation des risques à laquelle elle a procédé, dans le cadre de son obligation générale de prévention des risques professionnels.

■ Le DUERP doit comporter un inventaire des risques identifiés dans chaque unité de travail. Pour ce faire, l'employeur peut s'appuyer sur différentes sources d'information disponibles dans l'entreprise : analyse des risques réalisée par le CHSCT, liste des postes de travail à risques particuliers, etc.

■ Le DUERP est tenu à la disposition des agents, du CHSCT, des représentants des personnels, du médecin du travail.

■ Le DUERP doit répondre à **trois exigences** :

– la **cohérence** : les données issues de l'analyse des risques professionnels auxquels sont exposés les agents doivent être regroupées dans un même support écrit ou numérique ;

– la **lisibilité** : le DUERP, en rassemblant les résultats des différentes analyses des risques, doit faciliter le suivi de la démarche de prévention dans la collectivité ;

– la **traçabilité** de l'évaluation des risques, garantie par un report systématique de ses résultats.

■ Le défaut d'élaboration du DUERP et l'absence de mise à jour sont pénalement sanctionnés.

22. Qu'est-ce que l'ACFI ?

■ L'agent chargé d'une fonction d'inspection a un rôle de **contrôle des conditions d'application des règles d'hygiène et de sécurité**.

■ Il propose à l'autorité territoriale toute mesure lui paraissant de nature à améliorer l'hygiène et la sécurité du travail et la prévention des risques professionnels. L'autorité territoriale le consulte sur les règlements et consignes qu'elle envisage d'adopter en matière d'hygiène et de sécurité.

■ En cas d'urgence, il propose à l'autorité territoriale les mesures immédiates qu'il juge nécessaires. L'autorité territoriale l'informe des suites données à leurs propositions.

■ Il intervient au cours de la procédure mise en œuvre en cas de danger grave et imminent définie à l'**article 5 du décret du 10 juin 1985**.

■ Le décret du 10 juin 1985 apporte également des précisions quant aux conditions d'intervention des ACFI :

- l'efficacité du travail de vérification des conditions d'hygiène et de sécurité nécessite qu'une complète liberté d'accès aux locaux soit garantie à ces agents ;
- de façon générale, afin de prévenir d'éventuels conflits et de clarifier les conditions d'exercice du travail de l'ACFI, ces dernières sont précisées dans une lettre de mission établie par l'autorité territoriale. Dans le cas d'un agent mis à disposition par le centre de gestion, la lettre de mission est établie sur la base de la convention passée avec le centre de gestion. Cette lettre de mission est transmise au CHSCT ou au CT.

23. Qu'est-ce que le CNFPT ?

■ Le Centre national de la fonction publique territoriale (CNFPT) est un établissement public français à caractère administratif (EPA).

■ C'est un établissement public national, dont la compétence s'étend sur l'ensemble du territoire national (sauf Paris et certaines collectivités d'outre-mer).

■ Le CNFPT est régi par le **décret du 5 octobre 1987**.

■ Le CNFPT est géré par un conseil d'administration paritaire, composé de 34 membres, 17 élus locaux et 17 représentants des fonctionnaires territoriaux désignés par les syndicats. Le CNFPT possède 29 délégations régionales.

■ Le CNFPT est principalement financé par les collectivités territoriales qui paient une cotisation, au titre de chaque fonctionnaire employé ; ceci représente **1 % de leur masse salariale**.

■ Le CNFPT exerce **trois missions principales** :
- la gestion de la formation professionnelle des agents de la FPT et donc l'élaboration des grandes orientations de la politique de formation ; publication d'un catalogue annuel des formations proposées ;
- l'organisation de certains concours/examens professionnels de catégories A et A+ de la FPT ; il prépare également les fonctionnaires qui le souhaitent aux concours internes et externes de la fonction publique afin de faciliter la promotion professionnelle ;
- une mission de conseil et prospective, notamment au travers de l'Observatoire de l'emploi, des métiers et des compétences, en vue de suivre et anticiper les évolutions de la fonction publique territoriale liées, entre autres, aux différentes réformes de l'organisation territoriale.

24. Quelles élections ont eu lieu sur l'année 2015 ?

■ Les élections, sur l'année 2015, se sont appuyées sur la **loi du 16 janvier 2015** relative à la délimitation des régions, aux élections régionales et départementales et modifiant le calendrier électoral.

■ Ce sont d'abord déroulées les **élections départementales**, les 22 et 29 mars 2015. Les élections départementales ont remplacé les élections cantonales et ont ainsi désigné, dorénavant **pour 6 ans**, les membres du conseil départemental (ex-conseil général) dans le cadre du canton.

■ Ces élections ont eu lieu dans le cadre de la nouvelle carte cantonale redessinée début 2014, qui a abouti à diminuer le nombre de cantons, dorénavant au nombre de 2 054.

■ Pour chaque canton, les candidats étaient **en binôme**, obligatoirement composé d'un homme et d'une femme ; ceci en vue de mieux représenter les femmes au sein des conseils départementaux.

■ Pour être élu au **premier tour** : le binôme devait obtenir au moins la majorité absolue des suffrages exprimés (plus de 50 %) et un nombre de suffrages égal à au moins 25 % des électeurs inscrits.

■ Au **second tour** : si aucun binôme n'était élu dès le premier tour, on procédait à un deuxième tour. Les deux binômes arrivés en tête au premier tour pouvaient se maintenir. Les binômes suivants pouvaient se maintenir, sous réserve d'avoir obtenu un nombre de suffrages **au moins égal à 12,5 %** des électeurs inscrits. Le binôme ayant obtenu le plus grand nombre de voix (majorité relative) au second tour était élu. Une fois élus, les deux membres du binôme vont exercer leur mandat indépendamment l'un de l'autre.

■ Les mandats des conseillers généraux de Guyane et de Martinique ont été prolongés jusqu'à la création de la collectivité territoriale unique, effective au 1er janvier 2016. Ces départements ont désormais une assemblée unique avec à la fois les compétences d'un département et d'une région. Les scrutins relatifs aux futures collectivités uniques de Guyane et de Martinique ont eu lieu en décembre 2015, à l'instar du scrutin de renouvellement des conseils régionaux.

■ Également les **élections régionales**, en **décembre 2015**, en lien avec la promulgation de la loi NOTRe, le 7 août 2015.

■ Pour ces élections, la nouvelle carte des régions (dorénavant **13 régions**) a été redéfinie, en vue de constituer des régions plus fortes pour engager des coopérations interrégionales en Europe et réaliser des gains d'efficience.

■ La liste des nouvelles régions est la suivante : Alsace, Champagne-Ardenne et Lorraine ; Aquitaine, Limousin et Poitou-Charentes ; Auvergne et Rhône-Alpes ; Bourgogne et Franche-Comté ; Bretagne ; Centre ; Corse ; Île-de-France ; Languedoc-Roussillon et Midi-Pyrénées ; Nord-Pas-de-Calais et Picardie ; Basse-Normandie et Haute-Normandie ; Pays de la Loire ; Provence-Alpes-Côte d'Azur.

■ Les conseillers régionaux ont été élus **au scrutin de liste** selon un système mixte combinant les règles des scrutins majoritaire et proportionnel.

■ Au **premier tour** : la liste recueillant la majorité absolue des suffrages exprimés (50 % des voix plus une) a reçu un quart des sièges à pourvoir. Les autres sièges ont été répartis à la représentation proportionnelle entre toutes les listes ayant obtenu **au moins 5 % des suffrages exprimés**.

■ Sinon, on a procédé à **un second tour** ; les listes ayant obtenu **au moins 10 % des suffrages exprimés** ont pu se maintenir et, éventuellement, fusionner avec les listes ayant obtenu **au moins 5 % des suffrages**. Au second tour, la liste arrivée en tête a obtenu un quart des sièges à pourvoir. Les autres sièges ont été répartis à la représentation proportionnelle entre les listes ayant obtenu au moins 5 % des suffrages exprimés au second tour.

25. Qu'est-ce qu'un cadre d'emplois ?

■ Conformément à la **loi du 13 juillet 1987**, « un cadre d'emplois regroupe les fonctionnaires soumis au même statut particulier, titulaires d'un grade leur donnant vocation à occuper un ensemble d'emplois. Chaque titulaire d'un grade a vocation à occuper certains des emplois correspondant à ce grade. Le cadre d'emplois peut regrouper plusieurs grades ».

■ Chaque cadre d'emplois regroupe des agents dont les emplois ont des caractéristiques professionnelles très proches et qui ont vocation à accomplir la même carrière. Les règles spécifiques sont fixées par le statut particulier de chaque cadre d'emplois. Le cadre d'emplois définit le niveau hiérarchique, les missions dévolues à l'agent, il prévoit les procédures de recrutement et de déroulement des carrières. Le cadre d'emplois comporte généralement trois grades qui diffèrent par le niveau de recrutement, de formation et de rémunération. Le grade comprend des échelons assortis d'un indice de rémunération et d'une durée d'avancement. Chaque cadre d'emplois est rattaché à l'une des trois catégories A, B et C.
Tous ces éléments **définissent la carrière d'un fonctionnaire**.

■ Les cadres d'emplois d'une même famille sont **regroupés dans 8 filières métier** : administrative, technique, culturelle, sportive, animation, médico-sociale, police municipale, sapeurs-pompiers professionnels.

■ Il existe 53 cadres d'emplois.

26. Comment est organisée la justice administrative en France ? Quels sont ses domaines de compétences ?

■ La justice française comporte **deux ordres de juridiction** : une **justice judiciaire** (qui traite entre autres du droit pénal, du droit civil ou du droit commercial) et une **justice administrative** qui traite de tous les litiges impliquant une personne de droit public (État, collectivité territoriale, etc.) face à une personne de droit privé, que cette dernière soit une personne physique ou une personne morale (société par exemple).

■ L'**organisation des juridictions administratives** est calquée sur l'organisation de la justice judiciaire, soit trois niveaux successifs :

- le **tribunal administratif** : il est obligatoirement saisi en premier lieu par tout requérant ; il y a 42 tribunaux administratifs ; la procédure est normalement gratuite sauf pour certains litiges où le recours à un avocat est obligatoire (quand la responsabilité de l'État est recherchée) ;
- la **cour administrative d'appel** : c'est la juridiction de second niveau, créée en 1987, devant laquelle l'une des deux parties présente en première instance peut faire valoir un recours. Il y a huit cours administratives d'appel ;
- le **Conseil d'État** : il statue en dernier ressort sur les litiges qui lui sont soumis. C'est la section du contentieux, elle-même subdivisée en plusieurs sous-sections, qui traite des litiges qui lui sont transmis par les cours d'appel. Le Conseil d'État a également un rôle de conseil auprès du gouvernement pour la préparation des lois et autres textes. Il peut également se voir être saisi d'une question prioritaire de constitutionnalité par tout justiciable.

■ **Les principales compétences des juridictions administratives**

Les tribunaux administratifs ainsi que les cours administratives d'appel traitent des litiges de droit commun que l'on peut regrouper en **deux catégories :**

- **le recours pour excès de pouvoir :** litiges portant sur les permis de construire, sur une appréciation erronée des faits, sur une autorisation, problème de compétence de l'autorité qui a pris la décision ;
- **le recours de pleine juridiction :** conflits du travail dans la fonction publique, élections locales, actions en dommages-intérêts causés par l'action de l'administration.

■ Le Conseil d'État, outre qu'il peut statuer sur ces différents litiges en dernier ressort, peut être saisi en premier ressort de matières très ciblées comme à titre d'exemple les élections régionales et européennes, les décrets du président de la République et du Premier ministre, les actes réglementaires des ministres et les décisions de certaines autorités administratives (CNIL, CSA, AMF, etc.).

■ Enfin, parmi les juridictions de l'ordre administratif, il convient de citer la Cour nationale du droit d'asile qui est une juridiction de plein contentieux statuant sur les décisions prises par l'Office français de protection des réfugiés et apatrides (Ofpra). Ses décisions sont uniquement susceptibles de recours devant le Conseil d'État, alors juge de cassation.

27. Quels sont les objectifs et grandes lignes de la réforme des rythmes scolaires ?

■ En 2010, l'Académie nationale de médecine a mis en évidence l'inadaptation de la semaine de 4 jours d'école aux rythmes biologiques des enfants. De plus, le classement de la France n'a cessé de se dégrader, au sein des pays de l'OCDE, quant au niveau scolaire à l'entrée en 6e (30e rang sur 45) avec une réelle aggravation des difficultés scolaires.

■ Ainsi, par **décret Peillon du 24 janvier 2013**, le gouvernement lance, dans le cadre de la loi de refondation de l'école républicaine, la **première étape** de la réforme des rythmes scolaires.

■ Les **objectifs** sont les suivants :

- favoriser la réussite scolaire de tous, en assurant un plus grand respect des rythmes naturels d'apprentissage et de repos de l'enfant ;
- favoriser les apprentissages fondamentaux et l'égalité des chances ;
- avoir une approche globale du temps de l'enfant ;
- penser l'école pas seulement comme un lieu d'instruction mais aussi comme un lieu de vie et d'éducation.

■ Les **grandes lignes de la réforme** :

- 24 h d'enseignement réparties sur 9 demi-journées (retour à la semaine de 4 jours et demi), une journée ne doit pas dépasser 5 h 30 et une demi-journée 3 h 30, la pause méridienne doit être au minimum d'1 h 30 ;
- possibilité de proposer des temps d'activités périscolaires, complémentaires, au service public de l'éducation (activités sportives, culturelles, artistiques, etc.), afin de développer la curiosité intellectuelle et renforcer le plaisir d'apprendre et d'être à l'école ; tout enfant devant être pris en charge jusqu'à 16 h 30 ;
- élaboration du projet éducatif de territoire (PEDT) : mise en place d'un partenariat entre la commune, les services de l'État (Éducation nationale, jeunesse et sport) et les associations locales ; l'objectif est de mobiliser toutes les ressources du territoire, au service d'une ambition éducative rendant les parcours éducatifs cohérents et complémentaires ;
- financement de la réforme : fonds spécifique d'amorçage mis en place par l'État, initialement pour deux ans, correspondant à 50 euros versés par élève, majorés de 40 euros pour les communes éligibles à la DSU cible, à la DSR cible ou pour les communes d'outre-mer ; mais, fin 2014, le gouvernement a décidé de rendre pérenne cette aide de l'État, dorénavant dénommée « **fonds de soutien aux communes** », sous réserve de la signature d'un PEDT.

■ Avec le **décret Hamon du 8 mai 2014** : mise en œuvre de la **deuxième étape** de la réforme ; ce décret complémentaire permet, **à titre expérimental, deux adaptations possibles** :

– la première adaptation permet de regrouper les activités périscolaires sur une seule et même demi-journée – un après-midi – tout en maintenant les 5 jours d'enseignement, répartis alors sur 8 demi-journées ;

– la deuxième adaptation est la possibilité de réduire le nombre d'heures d'école par semaine, tout en maintenant les 9 demi-journées sur 5 jours, en raccourcissant la durée des grandes vacances scolaires d'été.

■ **Troisième étape** de la réforme : la transformation du fonds d'amorçage **en fonds de soutien pérenne** depuis le 1er janvier 2015 (article 96 de la loi de finances 2015).

Mais, cette pérennisation est conditionnée à **la signature d'un PEDT**. L'objectif est de **généraliser les PEDT**.

28. Que savez-vous du dispositif de service civique ?

■ Le service civique a été mis en place par la **loi du 10 mars 2010**. Ce nouveau dispositif vise à renforcer la cohésion sociale et la mixité sociale, en offrant à toute personne de **16 à 25 ans**, l'opportunité de s'engager volontairement au service des autres et de la société.

■ Il doit permettre d'accomplir, pour une période déterminée, une mission concrète et utilise socialement, au service de la société. C'est l'opportunité de servir les valeurs de la République et de s'engager pour un projet collectif, au travers d'une mission d'intérêt général.

■ Il a pour ambition de toucher 10 % d'une classe d'âge.

■ Le service civique remplace des dispositifs préalables, tels le service militaire, le contrat de volontariat, supprimés respectivement en 1997 et en 2005, ou le service civil créé par la loi sur l'égalité des chances et qui n'a pas eu le succès escompté (seulement 3 000 jeunes intéressés).

■ La durée de l'engagement va de 6 à 12 mois, en France ou à l'étranger et est rémunéré entre 585 euros et 695 euros.

■ Le temps de travail est **au minimum de 24 heures** et d'un **maximum de 35 heures/semaine** pour un mineur et de **48 heures** pour un majeur.

■ Les missions confiées sont des missions d'intérêt général, relevant de **neuf grandes thématiques** : l'éducation, l'environnement, l'humanitaire, la culture et les loisirs, la santé, les sports, la solidarité, etc.

■ En cinq ans, **85 000 jeunes ont déjà effectué un service civique**.

■ Depuis le **1er juin 2015**, le service civique est devenu **universel** : tous les jeunes de 16 à 25 ans peuvent dorénavant demander à s'engager pour faire l'expérience du vivre ensemble, de la citoyenneté, de l'intérêt général.

■ Le **11 janvier 2016**, le président de la République, François Hollande, a annoncé que, d'ici 3 ans, la moitié d'une classe d'âge devra être accueillie en mission de service civique, soit **près de 350 000 jeunes par an**. Avec la réserve citoyenne et le dispositif « La France s'engage », qui a déjà récompensé 61 projets innovants au service de l'intérêt général, le service civique participe de l'émergence d'une société de l'engagement.

■ Le 11 avril 2016 a été créé un haut-commissaire à l'engagement civique, auprès du Premier ministre, chargé de coordonner et animer l'action interministérielle en faveur de l'engagement civique.

29. Que savez-vous du dispositif des emplois d'avenir ?

■ Le dispositif des emplois d'avenir a été créé par la **loi du 26 octobre 2012**.

■ L'objectif est de faciliter l'insertion professionnelle et l'accès à la qualification des jeunes de **16 à 25 ans** (ou **moins de 30 ans s'ils sont handicapés**) sans emploi, pas ou peu qualifiés et rencontrant des difficultés particulières d'accès à l'emploi. Les jeunes résidant dans une **zone urbaine sensible, zone de revitalisation rurale ou en outre-mer**, peuvent posséder un diplôme du 1er cycle de l'enseignement supérieur (au plus bac + 3). Les jeunes doivent totaliser une durée de 6 mois minimum de recherche d'emploi au cours des 12 derniers mois.

■ Ces emplois sont principalement créés dans le secteur non marchand pour des activités présentant un caractère d'utilité sociale ou environnementale ou ayant un fort potentiel de création d'emplois.

■ Dans une logique de parcours, les jeunes en emploi d'avenir doivent acquérir une première expérience professionnelle, des qualifications et des compétences dans **l'objectif** :

- d'aboutir à une pérennisation dans l'emploi créé ;
- ou de leur offrir des perspectives nouvelles dans une activité d'avenir ou dans des secteurs qui présentent un fort potentiel de création d'emplois ;
- ou de leur permettre d'accéder à une formation qualifiante, en alternance le plus souvent.

■ Pour ce faire, les emplois d'avenir reposent sur **plusieurs spécificités** :

- une prise en charge du coût salarial partielle par l'État ;
- des engagements des employeurs, notamment en termes de tuteurs et de formations ;
- des actions de formation comme clés de réussite du parcours du jeune ;
- un accompagnement externe renforcé durant l'emploi d'avenir.

■ L'emploi d'avenir est un contrat de droit privé, conclu sous la forme d'un contrat d'accompagnement dans l'emploi (CAE), pour une durée de 1 à 3 ans, à temps plein sauf dérogation.

■ L'État apporte une aide financière aux collectivités territoriales, à hauteur de **75 % du taux horaire brut au niveau SMIC**, sur la durée du contrat.

■ Une **convention entre l'État et le CNFPT** a été signée, fin octobre 2012, faisant du CNFPT un acteur essentiel de l'accompagnement des emplois d'avenir auprès des collectivités.

■ Les compétences acquises dans le cadre de l'emploi d'avenir sont reconnues par une **attestation de formation**, une attestation d'expérience professionnelle ou une **validation des acquis de l'expérience**.

■ Fin 2014, l'objectif de recruter 150 000 emplois d'avenir a été atteint. Le dispositif se poursuit en 2016.

30. Qu'est-ce que la précarité énergétique ?

■ La définition de la précarité énergétique a été donnée dans la **loi Besson du 31 mai 1990**. Est en situation de précarité énergétique « toute personne qui éprouve dans son logement des difficultés particulières à disposer de la fourniture d'énergie nécessaire à la satisfaction de ses besoins élémentaires en raison de l'inadaptation de ses ressources ou de ses conditions d'habitat ». Ainsi, on considère que la précarité énergétique commence quand le taux d'effort des dépenses consacrées par une personne ou un ménage à l'énergie **est supérieur à 10 %**.

■ Le législateur a créé **deux types de dispositifs de tarification sociale**, en vue de pallier la précarité énergétique :

- le dispositif dit « produit de première nécessité » **(TPN)**, en matière d'électricité qui permet d'avoir un pourcentage de réduction par rapport au montant des tarifs réglementés de vente se situant entre 40 et 60 % ; la **loi du 15 avril 2013**, dite **loi Brottes**, fait de l'application du TPN une obligation de service public ;
- le « tarif spécial de solidarité » **(TSS)** en matière de gaz naturel pour les bénéficiaires du TPN : cela consiste en une déduction forfaitaire sur le prix figurant dans le contrat d'abonnement souscrit par le client auprès de son fournisseur de gaz naturel.

■ La **loi Brottes encadre les coupures de gaz et d'électricité** : maintien de la fourniture d'énergie, même en cas de non-paiement des factures jusqu'à décision sur la demande d'aide ; la trêve hivernale des coupures d'alimentation, en cas d'impayés, s'étend du 1er novembre au 15 mars de l'année suivante.

■ Selon l'Observatoire national de la précarité énergétique, crée en 2011, **5,1 millions de ménages**, soit **11,5 millions de personnes** (20 % de la population française) seraient en situation de précarité énergétique dans leur logement.

■ La précarité énergétique a plusieurs conséquences :

- **des conséquences techniques :** le logement mal chauffé devient humide, malsain et donc propice à l'insalubrité ;
- **des conséquences sanitaires, sociales et sur la santé :** une dégradation des relations avec le bailleur, un sentiment d'exclusion, des formes de désocialisation, des conditions de scolarité difficiles pour les enfants, etc. ; des liens de causalité avec certaines pathologies (maladies respiratoires, maladies cardio-vasculaires, dépression, etc.) ;
- **des conséquences environnementales :** la précarité énergétique et, plus globalement, tous les logements dont la performance énergétique est faible, engendrent un fort gaspillage d'énergie et des émissions de CO_2.

■ Pour lutter contre la précarité énergétique, et améliorer la qualité de vie des ménages, la **loi pour la transition énergétique et la croissance verte**, adoptée le 22 juillet 2015 instaure de nouveaux dispositifs, notamment :

- la **création d'un « chèque énergie »**, pour aider les ménages les plus modestes (environ 4 millions de bénéficiaires) à régler leur facture d'énergie ;

– le **déploiement des compteurs intelligents d'électricité et de gaz**, pour permettre aux ménages de suivre et de mieux maîtriser leur consommation énergétique ;
– la **création en 2017 d'un carnet numérique de suivi et d'entretien du logement**, pour améliorer ses performances énergétiques ;
– la **création d'un fonds de garantie de la rénovation énergétique** afin de faciliter l'accès des ménages au microcrédit pour réaliser les travaux.

31. Quelles sont les grandes lignes de la loi ALUR ?

■ La **loi ALUR** (pour l'Accès au Logement et un Urbanisme Rénové) a été promulguée le **24 mars 2014**. C'est une loi « volumineuse », composée de 177 articles, répartis en 4 titres :

- Titre I : Favoriser l'accès de tous à un logement digne et abordable
- Titre II : Lutter contre l'habitat indigne et les copropriétés dégradées
- Titre III : Améliorer la lisibilité et l'efficacité des politiques publiques du logement
- Titre IV : Moderniser les documents de planification et d'urbanisme

Cette loi est dans la continuité de la **loi ENE du 12 juillet 2010** (Engagement National pour l'Environnement), elle poursuit la lutte contre l'étalement urbain, notamment en renforçant le rôle des schémas de cohérence territoriale et des plans locaux de l'urbanisme à l'échelon intercommunal.

■ Les principales mesures sont les suivantes :

– **volet « Logement »**

- construire 500 000 logements/an, dont 150 000 logements sociaux ;
- encadrer les loyers dans certaines zones de tension pour lutter contre l'incompatibilité entre les niveaux de loyers et les revenus des ménages ;
- instaurer une garantie universelle des loyers, pour protéger les propriétaires contre les risques d'impayés et prévenir les expulsions ;
- lutter contre l'habitat indigne et les copropriétés dégradées ;
- introduire plus de transparence dans les procédures d'attribution de logements sociaux ;
- renforcer l'échelon intercommunal en matière de logement : transfert des polices de l'habitat du maire au président de l'EPCI ;
- encourager l'habitat participatif : création de deux statuts juridiques possibles, les coopératives d'habitants et les sociétés d'attribution et d'autopromotion.

– **volet « Urbanisme »**

- renforcer le rôle stratégique du SCOT, en tant que document central de la planification urbaine ; le SCOT devient l'unique document intégrant les documents de rang supérieur (SRCE, SDAGE, etc.) ;
- généraliser les plans locaux d'urbanisme intercommunaux (PLUi) ; la loi ALUR instaure le transfert automatique de la compétence PLU aux intercommunalités et ce, dans un **délai de trois ans** après la promulgation de la loi ;
- supprimer les POS : en l'absence de transformation en PLU au 31 décembre 2015, le POS devient caduc sauf si la révision est engagée avant cette date et que le PLU est approuvé avant le 26 mars 2017 ;
- promouvoir la densification urbaine : ainsi, la taille minimale de terrain et du coefficient d'occupation des sols est supprimée ;
- renforcer l'ingénierie foncière en s'appuyant sur les établissements publics fonciers (EPF) ;
- moderniser et sécuriser le droit de préemption ;
- renforcer les outils de l'urbanisme opérationnel : création du projet d'intérêt majeur **(PIM)**, en vue d'accélérer la construction de logements ; élargissement du cadre conventionnel du projet urbain partenarial (PUP).

32. Quelles sont les principales instances européennes ?

- Les principales institutions de l'Union européenne sont au **nombre de sept**.

- **Le Conseil européen :**
  – Il réunit les 28 chefs d'État ou de gouvernement des pays membres, qui définissent ensemble les **grandes orientations de la politique européenne**, notamment en matière de politique étrangère.
  – Il siège à Bruxelles.

- **Le Conseil de l'Union européenne** (ou « le Conseil ») :
  – Il examine les propositions formulées par la Commission et peut également agir de sa propre initiative. C'est la principale instance décisionnaire : **il vote les lois européennes** (directives, règlements) ; c'est l'organe qui, **avec le Parlement européen**, **crée la législation européenne** en adoptant les propositions qui lui sont soumises par la Commission européenne.
  – Il réunit les 28 ministres des pays membres.
  – Son siège est à Bruxelles.

- **La Commission européenne :**
  – Elle occupe une place centrale dans les institutions.
  – Elle est gardienne des traités, elle veille à leur application.
  – Elle détient, dans la grande majorité des domaines, le monopole de l'initiative, elle **propose les lois européennes** (directives, règlements).
  – Elle joue un rôle essentiel dans la préparation puis dans l'exécution de la politique européenne adoptée par le Conseil européen.
  – Elle prépare aussi le budget prévisionnel de l'Union et est chargée de son exécution.
  – Les travaux de la Commission sont répartis entre 28 commissaires (un commissaire par État membre), dont le mandat est de cinq ans, chacun ayant des domaines spécifiques.
  – Le siège de la Commission est à Bruxelles.

- **La Banque centrale européenne :**
  Elle a pour mission fondamentale le maintien de la stabilité des prix. Elle définit et met en œuvre la politique monétaire unique, gère les réserves et conduit les opérations de change.

- **Le Parlement européen :**
  – Le Parlement est le garant de la démocratie européenne et le défenseur des droits des citoyens.
  – Les 508 millions de citoyens européens élisent, au suffrage universel direct, leurs députés, pour **cinq ans** ; les dernières élections européennes ont eu lieu **en mai 2014**.
  – Le Parlement européen est composé de **751 députés**. Son président est élu pour **deux ans et demi**.

– Le Parlement est organisé en **20 commissions parlementaires** thématiques permanentes.

– Le Parlement constitue, avec le Conseil de l'Union, l'autorité budgétaire de l'Union européenne ; c'est lui qui **arrête le budget définitif** de l'Union européenne.

– Le Parlement occupe **un rôle essentiel** dans la gestion de l'Union européenne, car il vote toutes les lois (directives, règlements), en collaboration avec la Commission (qui les propose) et le Conseil de l'Union européenne.

– Le siège du Parlement est à Strasbourg.

- **La Cour de justice de l'Union européenne :**

– La CJCE veille au respect du droit européen (traités, directives, règlements).

Elle règle les litiges qui opposent un État membre à la Communauté, ou les États membres entre eux ou encore les conflits qui peuvent survenir entre différentes instances de l'Union. Ses décisions prennent le dessus sur celles des États membres.

– La CJCE se compose de **28 juges** (un juge par État membre) ainsi que de **9 avocats généraux**. Les juges et avocats généraux sont choisis parmi des personnalités offrant toute garantie d'indépendance et de compétence notoire. Ils sont nommés pour **six ans** (renouvelables).

– La CJCE peut être saisie par une institution communautaire, un État membre, une personne physique ou morale à l'occasion d'un litige mettant en cause un acte ou une institution communautaires. Le particulier doit avoir épuisé tous les moyens de recours nationaux, avant de saisir la CJCE.

– Trois principaux recours peuvent être déposés devant la CJCE :

• le recours en manquement : non-respect par les États membres des obligations résultant du droit communautaire ;

• le recours en annulation, en raison de l'illégalité d'un acte communautaire ;

• le recours en carence, en raison d'une inaction illégale des institutions communautaires.

– La CJCE a son siège au Luxembourg.

- **La Cour des comptes européenne :**

– Elle contrôle les comptes et la gestion financière de l'Union européenne et des organismes créés par celle-ci.

– Elle contrôle la légalité et la régularité de la totalité des recettes et des dépenses et contrôle la gestion financière des ressources communautaires.

– Elle comprend près de 250 contrôleurs.

– Elle établit un rapport annuel, publié au *Journal officiel de l'Union européenne* ; ce rapport est un moyen de pression sur les institutions et les organes administratifs afin de garantir une bonne gestion comptable et financière.

– Elle siège au Luxembourg.

33. Qu'est-ce que la COP 21 ?

■ La lutte contre le réchauffement climatique a été déclarée « **grande cause nationale 2015** », c'est un défi qu'il est primordial de relever.

■ La convention-cadre des Nations unies sur les changements climatiques (CCNUCC) est née lors du sommet de la Terre de Rio de Janeiro, en 1992. Ratifiée par 196 « parties », elle reconnaît l'existence d'un réchauffement climatique dû à l'activité humaine et donne aux pays industrialisés la responsabilité de lutter contre ce phénomène. L'organe décisionnel de la CCNUCC est la **Conférence des parties** (COP). Elle se réunit chaque année afin de prendre des décisions pour respecter les objectifs de lutte contre les changements climatiques.

■ La France a accueilli et présidé, du **30 novembre au 11 décembre 2015**, la 21e Conférence des parties sur le climat (COP 21). Les objectifs étaient ambitieux :

- accueillir au Bourget plus de 40 000 personnes, délégués et observateurs ;
- assurer un rôle de facilitateur entre toutes les parties prenantes afin de trouver un accord universel et contraignant pour maintenir la hausse de température globale en deçà de 2 °C.

■ Le **12 décembre 2015** a été signé un **nouvel accord international** contraignant sur les changements climatiques :

- maintenir le réchauffement mondial en-deçà de 2 °C d'ici 2100, voire le limiter à 1,5 °C ;
- mobiliser 100 milliards de dollars par an, à compter de 2020, pour financer la lutter contre le dérèglement climatique.

■ Le président de la République a participé, à New York, à la cérémonie officielle de signature de l'Accord de Paris sur le climat le **22 avril 2016**. Il a appelé le monde entier à traduire cet accord historique en actes pour faire face à l'urgence. La prochaine étape après la signature de l'accord est celle de la ratification, dans les délais les plus rapides, avec « **l'objectif d'obtenir 55 États représentant 55 % des émissions** ». Le projet de loi autorisant la ratification de l'Accord de Paris a été examiné en Conseil des ministres en mai 2016, pour **être adopté avant l'été 2016**.

34. Que savez-vous des MDPH ?

■ Les maisons départementales des personnes handicapées (MDPH) ont été créées par la loi pour l'égalité des droits et des chances, la participation et la citoyenneté des personnes handicapées du **11 février 2005** (dite **loi Handicap**).

■ Les MDPH, de la compétence des départements, constituent un lieu unique de service public visant à **accueillir, informer, orienter** et **accompagner** les personnes handicapées et leurs proches.

Les MDPH associent le conseil départemental, les services de l'État, les organismes de protection sociale et les associations représentant les personnes handicapées. C'est un véritable **réseau local d'accès à tous les droits**, prestations et aides.

■ Les **MDPH** s'appuient sur les compétences d'une **équipe pluridisciplinaire de professionnels médico-sociaux** (médecins, infirmiers, assistantes sociales, ergothérapeutes, psychologues, etc.) pour évaluer les besoins de la personne sur la base du projet de vie et proposer un plan personnalisé de compensation du handicap intégrant des dimensions telles que le parcours professionnel et l'accessibilité.

■ Une commission unique, la **Commission des droits et de l'autonomie des personnes handicapées** (CDAPH), décide de l'orientation des personnes handicapées (enfant ou adulte) et de l'attribution de l'ensemble des aides et prestations (carte d'invalidité, de priorité, de stationnement) et notamment de la prestation de compensation du handicap (PCH) versée par le conseil départemental.

35. L'état civil est-il un service décentralisé ou déconcentré ?

■ La déconcentration est un mode d'organisation territoriale de l'État ayant pour objectif de rapprocher l'administration de ses administrés et d'améliorer l'efficacité de l'État. Les services déconcentrés sont soumis au contrôle hiérarchique de l'État, ils agissent au nom et pour le compte de l'État.

■ Le maire est à la fois autorité décentralisée et déconcentrée. Il est l'autorité territoriale, élu par les habitants de la commune, mais il est également le représentant de l'État sur le territoire de la commune.

■ À ce titre, le maire est chargé, en tant que représentant de l'État et sous l'autorité du **procureur de la République**, des missions suivantes :

- la célébration des mariages ;
- l'enregistrement des déclarations de naissances et de décès ;
- la tenue des registres d'état civil.

■ L'état civil est donc un service déconcentré.

36. Pouvez-vous expliquer ce qu'est le Grand Paris ?

■ Le Grand Paris est **avant tout un projet urbain, social et économique** visant à faire de l'agglomération parisienne une grande métropole européenne et mondiale attractive. 12 millions d'habitants sont concernés, pour un territoire représentant près d'un tiers du PIB français. C'est donc un véritable enjeu d'attractivité de l'Île-de-France et de la France.

■ Ce projet **lancé en 2008** par le gouvernement de François Fillon consiste notamment en :

– la création de pôles économiques majeurs autour de Paris et de 10 clusters technologiques, de pôles d'excellence (cf. celui de Paris-Saclay) ;

– la modernisation du réseau de transport public existant et le développement de nouvelles lignes de métro pour la région Île-de-France (près de 34 milliards d'euros) ;

– la construction de 70 000 logements chaque année pendant 25 ans, contre 42 000 actuellement.

■ Ce projet est porté par une **structure de gouvernance** entre Paris et son agglomération dense, la **métropole du Grand Paris (MGP)**, EPCI à fiscalité propre et à statut particulier, a été créée par la loi « Maptam » du 27 janvier 2014. La création de la métropole du Grand Paris est effective depuis le 1er janvier 2016. Elle est présidée par Patrick Ollier, député-maire de Rueil-Malmaison.

La MGP regroupe **131 communes** (dont Paris) de la première couronne (Hauts-de-Seine, Seine-Saint-Denis et Val-de-Marne) et 7 communes de la grande couronne (Essonne – 6 communes des Portes de l'Essonne – et Val d'Oise – commune d'Argenteuil), soit près de **7,15 millions d'habitants**. Elle est composée de **Paris (1 territoire) et de 11 autres territoires** allant de 300 000 à 700 000 habitants, qui sont des **établissements publics territoriaux (EPT)**. C'est un système inédit de double intercommunalité.

■ **L'organisation :**

– La MGP est gouvernée par un **conseil de la métropole**, comptant 209 élus, désignés à la proportionnelle à la plus forte moyenne avec au minimum un conseiller par commune. Il y a 62 conseillers métropolitains parisiens. Le président de la MGP est élu par les conseillers métropolitains, à la majorité absolue.

– Les 12 territoires sont gouvernés par des **conseils de territoire**, composés des conseillers métropolitains de chaque territoire et de conseillers municipaux. Le périmètre et le siège des territoires ont été fixés par décret en Conseil d'État. Chaque conseil de territoire comprend de 72 à 92 membres. Chaque conseil de territoire désigne un président qui ne peut être le président de la MGP.

■ Les **quatre compétences obligatoires** de la métropole (celles d'une communauté urbaine) sont les suivantes et vont lui être transférées de manière progressive de 2016 à 2018 :

– le développement et l'aménagement économique, social et culturel ;

– la protection et la mise en valeur de l'environnement et la politique du cadre de vie ;
– l'aménagement de l'espace métropolitain, au 1er janvier 2017 ;
– la politique locale de l'habitat au 1er janvier 2017.

■ Elle va aussi élaborer le plan climat-air-énergie et le schéma directeur des réseaux de distribution d'énergie métropolitains. Elle pourra aussi obtenir une délégation de compétences en matière de logement et un transfert de grands équipements et d'infrastructures par l'État.

■ Les **dix compétences des territoires** qui vont leur être transférées de manière progressive, de 2016 à 2018 :

– **sept compétences obligatoires en propre** : l'assainissement et l'eau, la gestion des déchets ménagers et assimilés, le plan climat-air-énergie, le PLU, la politique de la ville, l'action sociale d'intérêt territorial, les équipements culturels et sportifs d'intérêt territorial ;
– **trois compétences partagées avec la MGP** : l'aménagement (opérations d'aménagement, actions de restructuration urbaine, constriction de réserves foncières), le développement économique (zones d'activité, actions de développement économique) et habitat (OPH, amélioration du parc immobilier bâti, réhabilitation et résorption de l'habitat insalubre).

■ La MGP dispose d'un **budget de 65 millions d'euros**.

37. Quelle différence faites-vous entre un arrêté, une délibération et une décision du maire ?

■ **Un arrêté** est un acte administratif unilatéral, qui comporte des visas rappelant les textes qui le fondent et un dispositif précisant le contenu de l'acte et ses effets juridiques. Un arrêté peut être **réglementaire** (général et impersonnel), lorsqu'il pose une règle générale (ex. : un arrêté municipal de stationnement et de circulation) ou **individuel ou collectif** (une ou plusieurs personnes nommément désignées, cf. nomination d'un fonctionnaire). Le maire prend des arrêtés dans le cadre de ses pouvoirs de police, en qualité de chef du personnel. Les arrêtés sont signés soit par le maire, soit par les adjoints délégués. Les arrêtés sont exécutoires de plein droit après avoir été publiés, affichés ou notifiés aux personnes concernées. Les arrêtés réglementaires sont insérés au registre des arrêtés (consultable en mairie).

■ **Une délibération** est un acte administratif issu d'un vote du conseil municipal ; c'est le moyen par lequel l'organe délibérant exerce ses compétences ; les délibérations sont la traduction des mesures adoptées, leur validité est conditionnée par des règles d'organisation et de rédaction. Les délibérations sont signées soit par le maire, soit par les adjoints délégués. Les délibérations sont exécutoires après transmission en préfecture, affichage en mairie et insertion au registre des délibérations (consultable en mairie).

■ **Une décision** est un acte administratif fait par le maire, par délégation du conseil municipal, dans les cas limitativement énumérés dans l'article L. 2122-22 du CGCT. En effet, le conseil municipal, pour des raisons d'ordre pratique, ne peut régler dans le détail tous les problèmes de gestion. Le maire doit rendre compte des décisions prises à chaque réunion obligatoire du conseil municipal. Les décisions sont signées soit par le maire, soit par les adjoints délégués. Les décisions du maire sont des actes soumis à l'obligation de transmission au préfet et doivent être insérées au registre des délibérations (consultable en mairie).

■ Tous ces actes administratifs organisent la vie de la commune et définissent le service public local.

38. Quels sont les différents piliers du développement durable ?

■ Selon la définition donnée dans le **rapport Brundtland de 1987**, le développement durable est un développement qui répond aux besoins des générations présentes sans compromettre la capacité des générations futures de répondre aux leurs.

■ Le développement durable repose sur un équilibre harmonieux **entre trois piliers fondamentaux** :

– **le pilier économique** : l'économie est un pilier qui occupe une place prééminente dans la société de consommation. Le développement durable implique la modification des modes de production et de consommation en introduisant des actions pour que la croissance économique ne se fasse pas au détriment de l'environnement et du social. Il s'agit de développer la croissance et l'efficacité économique, à travers des modes de production et de consommation durables ;

– **le pilier social** ou encore le pilier humain : le développement durable englobe la lutte contre l'exclusion sociale, l'accès généralisé aux biens et aux services, les conditions de travail, l'amélioration de la formation des salariés et leur diversité, le développement du commerce équitable et local ;

– **le pilier environnemental** : c'est le pilier le plus connu. Il s'agit de préserver, améliorer et valoriser l'environnement et les ressources naturelles sur le long terme, en maintenant les grands équilibres écologiques, en réduisant les risques et en prévenant les impacts environnementaux.

39. Que savez-vous du projet éducatif de territoire ?

■ Le PEDT (article L. 551-1 du Code de l'éducation) est la **formalisation conventionnelle** d'une démarche, à l'initiative des communes et des intercommunalités ; c'est un cadre partenarial qui réunit tous les acteurs de la communauté éducative d'un territoire, au service d'actions en complémentarité et en continuité entre le temps scolaire et le temps périscolaire. Ce document permet la synergie des acteurs, la mobilisation de toutes les ressources du territoire, la continuité des projets éducatifs, la cohérence des parcours éducatifs. Le PEDT doit exprimer une **ambition éducative**, dans le cadre d'un **pilotage partenarial** permettant de garantir la complémentarité avec les dispositifs existants, portés par différents partenaires. Il s'agit de proposer à chaque enfant un parcours éducatif cohérent et de qualité avant, pendant et après l'école, organisant ainsi, dans le respect des compétences de chacun, la complémentarité des temps éducatifs.

■ Le PEDT est un **instrument souple et adaptable** aux spécificités locales. Il identifie en priorité les activités proposées **pendant le temps périscolaire** aux enfants scolarisés dans les écoles primaires du territoire concerné. Ce temps est lié aux horaires de début et de fin de l'école, ainsi qu'à l'horaire de la pause méridienne.

■ La signature d'un PEDT est **conditionnée au versement du fonds de soutien** par l'État aux communes, pour leurs écoles maternelles et élémentaires publiques ou privées sous contrat, et ce depuis la rentrée scolaire 2015-2016 (décret du 17 août 2015).

■ Au 31 décembre 2015, **plus de 91 % des communes étaient couvertes par un PEDT**, soit 96 % des effectifs d'élèves scolarisés dans les écoles publiques.

40. Qu'est-ce qu'un centre social ?

■ Selon la Charte fédérale des centres sociaux de 2000, un centre social se définit comme un « foyer d'initiatives porté par des habitants associés, appuyé par des professionnels capables de définir et de mettre en œuvre un projet de développement social local pour l'ensemble de la population d'un territoire ».

■ Un centre social s'inscrit dans le **mouvement de l'éducation populaire**, il se réfère, dans ses actions, à **trois valeurs fondamentales** : la dignité humaine, la solidarité et la démocratie.

■ Un centre social est un **équipement polyvalent de proximité**, implanté au cœur des quartiers, ouvert à tous les habitants, où chacun peut y trouver des activités et des services dans les domaines les plus variés : culture, insertion, loisirs, logement, garde d'enfants, etc. L'objectif prioritaire d'un centre social est de **faire participer les habitants** à l'amélioration de leurs conditions de vie, au développement de l'éducation et l'expression culturelle, au renforcement des solidarités, à la prévention et la réduction des exclusions. C'est donc un lieu où les habitants mettent concrètement en place des **projets pour améliorer leur vie quotidienne**. Des **professionnels** formés et compétents sont présents pour **accueillir, écouter et accompagner** la réalisation de ces projets.

Un centre social est donc un **lieu d'accueil, d'écoute et de parole, de soutien à la fonction parentale**, qui permet l'accompagnement de projets, avec la **participation active de tous**.

■ Chaque centre fait partie d'un réseau qui souscrit aux valeurs et aux exigences communes de la Charte fédérale. Ce réseau est constitué de près de 1 200 centres sociaux regroupés par 44 fédérations ou regroupements, départementaux ou régionaux, adhérents à la Fédération des centres sociaux et socioculturels de France (FCSF).

■ La vie d'un centre social est « rythmée » par un **projet agréé pour 1 à 4 ans** par le conseil d'administration **de la Caf**. Le projet est élaboré à partir de besoins et propositions des familles et des acteurs locaux. L'agrément conduit à l'établissement d'une **convention de financement par la Caf** de la prestation de service.

41. Qu'est-ce que la méthodologie de projet ?

■ La méthodologie de projet a pour objectif d'organiser et de coordonner les différentes étapes en vue de mener à bien un projet. C'est un « outil » managérial. La méthodologie de gestion de projet est **un processus** qui suit **des règles précises**, respectées par tous les acteurs de l'entreprise, tout en étant évolutives.

■ Il s'agit de monter un projet, de conduire une action et donc se fixer un objectif et se donner les moyens de l'atteindre. Une **organisation méthodologique** doit être mise en œuvre, par étapes. Chaque étape sera contrôlée et soumise à la validation politique par le responsable de projet, afin de passer à l'étape suivante.

■ Cela implique de respecter **certaines étapes, principalement sept** :
- constituer une équipe-projet ;
- élaborer un diagnostic/état des lieux ;
- définir des objectifs ;
- planifier le calendrier prévisionnel du déroulement du projet ;
- rechercher, mobiliser des ressources humaines, matérielles et financières ;
- planifier des modalités d'évaluation ;
- valoriser et communiquer sur les résultats du projet.

1. Phase de préparation
2. Identifier les contraintes à surmonter
3. Planifier la préparation
4. identifier les catégories de services (à l'int ou ext de la collectivité) dont on va avoir besoin pour mener à bien le projet.
5. Etablir le programme d'actions et mise en oeuvre de ce programme.

42. Qu'est-ce que le DALO ?

■ C'est **la loi du 5 mars 2007** instaurant le droit au logement opposable (dite « **loi DALO** ») qui crée un droit au logement décent ou à un hébergement aux personnes mal logées ou ayant attendu en vain un logement social pendant un délai anormalement long et qui ne peuvent l'acquérir par leurs propres moyens.

■ Les **principes de la loi** : ce **droit est dit « opposable »,** car le citoyen **dispose de voies de recours pour obtenir sa mise en œuvre effective**. L'État est garant de ce droit et doit faire reloger ou héberger les personnes reconnues prioritaires. C'est le préfet de département qui mobilise les organismes de logements sociaux ou les structures d'hébergement pour reloger ou héberger les personnes. On est dans une obligation de résultat.

■ Les **bénéficiaires** du droit au logement doivent être dans une des situations suivantes :

– sans aucun logement ;

– menacé d'expulsion sans possibilité de relogement ;

– hébergé dans une structure d'hébergement ou logé temporairement ;

– logé dans des locaux impropres à l'habitation, insalubres ou dangereux ;

– logé dans un local manifestement sur-occupé ou non décent, à condition d'avoir à charge au moins un enfant mineur ou une personne handicapée ou d'être handicapé lui-même ;

– demandeur de logement locatif social depuis un délai anormalement long. Ce délai, variable d'un département à l'autre, est fixé par le préfet de chaque département.

■ Les **deux voies de recours** sont les suivantes :

– le **recours amiable** s'exerce devant une commission de médiation départementale qui, si elle juge la demande de logement urgente et prioritaire, demande au préfet de procurer un logement sur le contingent préfectoral ;

– le **recours contentieux** peut être engagé devant le juge administratif pour contester une décision défavorable de la commission de médiation ou si aucun logement ou hébergement ne lui a été attribué dans un délai variant de 3 à 6 mois selon les départements.

■ Quelques **données** chiffrées sur la période allant de 2008 à 2014, sur le plan national :

– plus de 146 000 décisions favorables ont été rendues par les commissions de médiation ;

– plus de 82 000 demandeurs ont été relogés depuis 2008, dont 17 370 en 2014 ;

– plus de 59 500 restent à reloger essentiellement en Île-de-France ;

– 86 090 recours en 2014, dont 57 % concernent la région Île-de-France ;

– 39 % des ménages reconnus DALO sont des familles monoparentales ou des personnes seules ;

– 47 % des ménages DALO disposent de ressources supérieures au SMIC.

43. Que savez-vous de la notion d'accessibilité, en lien avec la loi du 11 février 2005 ?

■ Dans la perspective de rendre les établissements recevant du public (ERP) ainsi que leurs prestations accessibles à tous, notamment aux personnes porteuses d'un handicap, la loi du 11 févier 2005 a imposé aux acteurs privés et publics des normes de construction et d'aménagement à réaliser dans un délai de 10 ans. Ce concept d'accessibilité est entendu de façon très large : accessibilité aux prestations, accessibilité aux outils de communication publique, accessibilité aux technologies de l'information.

■ Toutefois, plusieurs rapports parlementaires ont mis en évidence l'impossibilité de tenir l'échéance du 1er janvier 2015, au vu des retards manifestes pris, notamment dans le bâti existant et l'accès aux nouvelles technologies.

■ Aussi, l'État a décidé d'accorder des délais supplémentaires et a assoupli les normes de mise en accessibilité des ERP, pour les collectivités territoriales. Cette décision est assortie d'une contrepartie, un engagement signé des acteurs dans un **agenda d'accessibilité programmée (Ad'AP)**.

■ La mise en place des Ad'AP permet aux acteurs publics et privés de s'engager sur un **calendrier précis et resserré de travaux d'accessibilité**, permettant de poursuivre en toute sécurité juridique des travaux d'accessibilité après le 1er janvier 2015, dans un délai limité. L'Ad'AP est un **document de programmation technique et financière**.

■ Le projet d'Ad'AP devait être déposé auprès du préfet **au plus tard le 27 septembre 2015**. En contrepartie, les pénalités prévues par la loi de 2005, pour défaut d'accessibilité, sont suspendues. Le report des délais dépend de la catégorie, classée de 1 à 5, à laquelle appartiennent les ERP. Ainsi pour les ERP de 5e catégorie, représentant près de 80 % du cadre bâti, le report est de **3 ans maximum**, soit une mise aux normes pour 2018. Le report est de 6 ans pour les travaux concernant les ERP ayant une capacité de 300 à plus de 1 500 personnes, classés de 1 à 4. Le report est de **9 ans** pour les travaux dits de patrimoine constitués de plusieurs ERP de 5e catégorie.

44. Que savez-vous de la réforme récente pour la formation d'intégration des catégories A et B ?

■ La formation d'intégration est la première étape de la construction du parcours professionnel et la condition de la titularisation de tout agent. L'objectif est de sensibiliser les agents à leur nouvel environnement professionnel et les aider à appréhender les valeurs du service public.

■ Depuis le 1er janvier 2016, le dispositif de formation d'intégration pour les catégories A et B a évolué : suite au **décret du 29 octobre 2015**, il passe de 5 jours obligatoires de formation à **10 jours obligatoires** de formation.

■ Il y a **deux modules principaux** de formation en présentiel :

– le **premier module (5 jours)** porte sur les valeurs du service public, le sens de l'action publique, le rôle et les missions du cadre. Il inclut aussi les **sept grandes causes** du service public : l'égalité professionnelle femme/homme, le développement durable, la lutte contre l'illettrisme, la prise en compte du handicap, les risques psychosociaux, la lutte contre les discriminations et la laïcité. Il inclut aussi un élément nouveau, le livret d'orientation formative ;

– le **deuxième module (5 jours)** porte sur les fondamentaux du management et de la gestion de projet dans les collectivités locales, avec une mise en situation, à partir d'un cas pratique réel.

■ Entre les deux modules, l'agent retourne dans sa collectivité, pendant environ 1 mois et demi, et met à profit ce temps d'observation et de repérage de ses compétences transverses.

■ Cette formation d'intégration intervient obligatoirement dans la première année qui suit la nomination du fonctionnaire dans son cadre d'emplois.

45. Que savez-vous de l'état d'urgence en France ?

■ L'état d'urgence est, en France, une situation spéciale, une forme d'**état d'exception** permettant aux autorités administratives de prendre des mesures restreignant les libertés individuelles et collectives (cf. interdiction de la circulation, interdiction de manifester, etc.).

■ Le régime d'état d'urgence a été instauré par la **loi du 3 avril 1955**, dans le contexte de la guerre d'Algérie (attentats du FLN en novembre 1954). Ainsi, « l'état d'urgence peut être déclaré sur tout ou partie du territoire métropolitain ou des départements d'outre-mer, soit en cas de péril imminent résultant d'atteintes graves à l'ordre public, soit en cas d'événements présentant, par leur nature et leur gravité, le caractère de calamité publique ».

■ Cette loi a été modifiée à plusieurs reprises (cf. ordonnance du 15 avril 1960 qui prévoit la déclaration par décret en Conseil des ministres – donc par le président de la République et le gouvernement – et sa **prorogation au-delà de douze jours par la loi**).

■ Dans la **nuit du 13 au 14 novembre 2015**, le président de la République a décrété l'état d'urgence sur l'ensemble du territoire métropolitain. Lors du Conseil des ministres du **18 novembre 2015**, le Premier ministre et le ministre de l'Intérieur ont présenté un projet de loi afin que l'état d'urgence, décrété le 14 novembre, **soit prolongé pour 3 mois**. Cela avait déjà été le cas en 2005 (émeutes urbaines). Le **vendredi 20 novembre 2015**, le Parlement a adopté définitivement la **prolongation pour 3 mois** et le **renforcement de l'état d'urgence sur l'ensemble du territoire national**. L'obligation d'information du Parlement des mesures prises pendant l'état d'urgence est inscrite dans la loi.

■ Plusieurs dispositions de la loi de 1955 **sont ainsi modifiées** pour en renforcer l'efficacité :

- Le **régime des assignations à résidence** est modernisé et élargi à toute personne à l'égard de laquelle il existe des raisons sérieuses de penser que son comportement constitue une menace pour la sécurité et l'ordre public.
- Le **recours au bracelet électronique** pourra être mobilisé pour contrôler certains assignés à résidence, condamnés par le passé pour des actes de terrorisme et ayant purgé leur peine. Il faudra l'accord de la personne concernée recueilli par écrit. Le dispositif permettra à tout moment de déterminer à distance sa localisation sur l'ensemble du territoire national.
- Le régime des **perquisitions** fait également l'objet de précisions. Ainsi, **aucune perquisition administrative ne pourra viser les locaux affectés à l'exercice d'un mandat parlementaire ou à l'activité professionnelle des avocats, magistrats ou journalistes.** Le procureur de la République sera informé de toute décision de perquisition, qui se déroulera en présence d'un officier de police judiciaire. Lors de ces perquisitions, il pourra être fait copie sur tout support des données stockées dans tout système informatique ou équipement.

– Il est possible de **dissoudre les associations ou groupements de fait** qui participent, facilitent ou incitent à la commission d'actes portant une atteinte grave à l'ordre public.

– Le ministre de l'Intérieur peut prendre « **toute mesure** » **pour bloquer des sites** faisant l'apologie du terrorisme ou incitant à des actes terroristes.

– Les peines encourues pour les infractions aux dispositions sur les perquisitions ou les assignations à résidence sont **substantiellement accrues**.

■ **La loi du 19 février 2016** prolonge l'état d'urgence **pour 3 mois**, soit jusqu'au **26 mai 2016**. Il peut être mis fin à l'état d'urgence par un décret pris en Conseil des ministres.

46. Une commune peut-elle créer une boulangerie communale et, si oui, comment ?

■ Oui, une commune peut créer ou reprendre une activité, en cas de **carence de l'initiative privée** ; la création de cette activité ne doit pas porter atteinte à la liberté d'entreprendre et notamment à certaines de ses composantes au premier rang desquelles figure la liberté du commerce et de l'industrie. Les règles qui président à cette possibilité offerte aux communes procèdent **d'une construction jurisprudentielle** dégagée par le Conseil d'État, depuis pratiquement 1930, qui rend des décisions au cas par cas. Cette situation se pose avec une certaine acuité face à la désertification de certains secteurs, notamment ruraux.

■ Le Conseil d'État estime que les entreprises ayant un caractère commercial, libéral ou industriel restent, en règle générale, réservées à l'initiative privée et que les communes ne peuvent ériger ces entreprises en services publics communaux que si, en raison de **circonstances particulières de temps et de lieu, un intérêt public justifie leur intervention.**

Cet intérêt public exige **la réunion de deux conditions** :

– l'existence d'un **besoin de la population**, qu'il s'agisse de celle qui demeure en permanence dans la commune ou de celle qui s'y trouve momentanément (touristes, campeurs, etc.), dès lors que ce besoin possède un lien avec l'intérêt général ;

– l'absence de prise en charge convenable du besoin par l'initiative privée, que celle-ci soit **absente, défaillante ou insuffisante** (quantitativement ou qualitativement).

■ Ont, par exemple, été jugées légales, les interventions communales suivantes :

– la création d'une **boucherie municipale** (CE, 24 novembre 1933, Zénard : éloignement des commerçants privés et caractère élevé des prix pratiqués) ;

– la création d'un **cabinet dentaire municipal** (CE, 20 novembre 1964, ville de Nanterre : tous les dentistes de la ville pratiquaient les honoraires libres).

■ La reprise ou la création de l'activité par une commune peut être réalisée en **gestion directe (régie)** ou en **gestion déléguée** (ex. : la boulangerie peut être construite par la commune et sa gestion peut être confiée à une personne privée).

Dans le cas d'une gestion directe, il conviendra que le conseil municipal vote une délibération dans ce sens, car il y a création d'un service public. Dans le cas d'une gestion déléguée, il faudra également une délibération du conseil municipal sur le principe du choix de ce mode de gestion et ensuite il conviendra de lancer une procédure de délégation de service public (cahier des charges, appel d'offres, etc.).

■ De même, depuis **la loi de simplification du droit du 20 décembre 2007**, les groupements de communes sont autorisés à intervenir pour assurer le maintien de services nécessaires à la satisfaction des besoins de la population, et ainsi accorder des aides directes ou indirectes dans le cadre d'une convention (CGCT, art. L. 5111-4).

47. Qu'est-ce que le délit de favoritisme ?

■ Les élus et fonctionnaires peuvent se voir reprocher divers manquements au **devoir d'intégrité** qui leur incombe dans l'exercice de leurs fonctions. Parmi ces manquements figure le **délit de favoritisme ou délit d'octroi d'avantage injustifié** susceptible de conduire à des sanctions pénales.

L'article 432-14 du Code pénal sanctionne ainsi les atteintes à la liberté d'accès et à l'égalité des prestataires dans les marchés publics et les délégations de service public.

Le favoritisme consiste à procurer ou tenter de procurer à autrui un avantage injustifié par un acte contraire aux dispositions législatives et réglementaires encadrant les marchés publics et délégations de service public. Ainsi, un maire qui, suite à une remise d'un rapport d'analyse des offres, demanderait de modifier ce rapport pour que l'entreprise locale, dirigée par son cousin, ait la meilleure note et soit retenue, a un agissement constitutif d'un délit de favoritisme.

Le délit de favoritisme étant une infraction instantanée, le délai de prescription est de 3 ans à compter de la date où les faits délictuels ont été commis.

■ La personne reconnue coupable de favoritisme ou d'octroi d'avantage injustifié encourt une peine de **2 ans d'emprisonnement** et de **30 000 euros d'amende**.

■ **À titre d'exemple** : lors de l'attribution d'un marché public, le choix de l'entreprise par la commission d'appel d'offres n'était pas fondé sur des considérations objectives mais sur des relations personnelles faussant ainsi la liberté et l'égalité d'accès dans les marchés publics. Le président de la commission a été reconnu coupable de délit de favoritisme pour avoir proposé le choix de cette entreprise en raison des relations personnelles qui l'unissaient à son gérant de fait (Cass. crim. 19 octobre 2005).

Les questions pour la catégorie A

Questions corrigées

1. Quels sont les principaux axes du projet de réforme du statut des fonctionnaires ?

■ Les agents de la fonction publique sont soumis à de nombreuses règles déontologiques qui ont été fixées par la **loi du 13 juillet 1983** relative au statut général des fonctionnaires.

■ La ministre de la Fonction publique, Marylise Lebranchu, a présenté, **en juillet 2013**, un projet de loi visant à apporter des modifications au statut général de la fonction publique.

■ Ce texte prévoit de consacrer certaines valeurs, déjà reconnues par la jurisprudence, qui fondent la spécificité de l'action des agents publics : neutralité, impartialité, probité et laïcité.

■ Le texte prévoit de renforcer les dispositifs applicables en matière de déontologie : renforcement de la prévention des conflits d'intérêts, encadrement plus précis du cumul d'activité et le pantouflage, élargissement des pouvoirs de la Commission de déontologie, transcription dans le statut général des premières actions engagées visant à l'exemplarité des employeurs en matière d'égalité professionnelle (traduction des engagements de l'accord signé le 8 mars 2013) visant à la prise en compte de l'ancienneté des contractuels de droit public. Il y aurait aussi certaines modifications au niveau des sanctions.

■ Transmis à la commission des lois de l'Assemblée nationale, le texte a été mis en attente, suite à l'audition de syndicats de fonctionnaires et différents spécialistes, dont des chercheurs universitaires, pour connaître leurs points de vue sur ce texte.

■ Le projet de loi, reporté à plusieurs reprises, est en cours d'examen par le Parlement (devant le Sénat fin janvier 2016).

2. Que savez-vous de la loi du 5 juillet 2010 sur la rénovation du dialogue social ?

■ La **loi du 5 juillet 2010** relative à la rénovation du dialogue social traduit l'engagement pris par le gouvernement dans le cadre des accords de Bercy de 2008 sur la rénovation du dialogue social.

■ Les **principales dispositions** de la loi relative à la rénovation du dialogue social dans la fonction publique sont au nombre de six :

1. Le renforcement de la place de la **négociation** : la loi Le Pors de 1983 ne reconnaissait que la négociation salariale ; désormais la négociation est élargie à tous les domaines concernant la vie de l'agent : carrière et promotion professionnelle, formation, action sociale, hygiène, sécurité et santé au travail, insertion professionnelle des handicapés, égalité professionnelle entre les hommes et les femmes.
2. La consécration de l'**élection comme source de la représentativité et de la légitimité des organisations syndicales** : la loi modifie les conditions de représentativité et d'accès aux élections des organisations syndicales dans les différentes fonctions publiques ; tous les syndicats légalement constitués depuis au moins deux ans et satisfaisant aux conditions de respect des valeurs républicaines et d'indépendance pourront présenter des candidats.
3. La **réforme des comités techniques** : les représentants des personnels sont désormais élus au scrutin de liste par l'ensemble des personnes qui relèvent de leur périmètre. Afin de favoriser la représentation la plus légitime et la plus efficace possible de l'administration, **le paritarisme numérique au sein de ces instances** est supprimé, les représentants de l'administration ne prennent plus part au vote et leur représentation est adaptée en fonction de l'ordre du jour. Les comités techniques voient leurs attributions élargies : ils doivent être consultés sur les questions relatives aux effectifs, aux emplois et aux compétences des agents, sur les questions statutaires, les grandes orientations en matière de politique indemnitaire, la formation et le développement des compétences, l'insertion professionnelle, l'égalité professionnelle et la lutte contre toutes les discriminations.
4. La **création d'un conseil commun de la fonction publique** : il peut être saisi de toute question d'ordre général commune aux trois fonctions publiques ; il est obligatoirement saisi des projets de loi, d'ordonnance et quand une disposition législative le prévoit, des projets de décrets communs aux trois fonctions publiques.
5. La **création de comités d'hygiène, de sécurité et des conditions de travail (CHSCT)** : ils ne sont plus composés de manière paritaire et seuls les représentants des personnels votent.
6. Le renforcement des **garanties de carrière des agents investis de mandats syndicaux** : par la prise en compte des compétences acquises dans l'exercice d'un mandat syndical au titre des acquis de l'expérience professionnelle, pour les concours internes, les examens professionnels, les avancements de grade, la promotion interne.

3. Quel est le rôle du Conseil supérieur de la fonction publique territoriale (CSFPT) ?

■ Il a été institué par la **loi n° 84-53 du 26 janvier 1984** portant dispositions statutaires relatives à la fonction publique territoriale.

■ C'est l'**instance nationale paritaire de consultation de la fonction publique territoriale** ; elle est composée de 40 membres titulaires élus, représentant les collectivités territoriales (20 membres) et de membres désignés par les syndicats pour représenter le personnel (20 membres). Chaque titulaire a un suppléant.

■ Le CSFPT est présidé par un représentant des collectivités territoriales, élu en son sein. Un représentant du ministre chargé de la fonction publique ou du ministre chargé des collectivités territoriales assiste aux délibérations du CSFPT.

■ Ce conseil permet d'organiser le dialogue entre les représentants des élus locaux d'une part, et des fonctionnaires territoriaux d'autre part, et d'assurer la concertation nécessaire à l'élaboration et au suivi des textes législatifs et réglementaires concernant les fonctionnaires territoriaux.

■ Le CSFPT est consulté pour avis sur toute question, tout projet de loi ou de décret concernant la fonction publique territoriale : politique salariale, l'emploi public.

■ Il peut procéder également à toutes études sur l'organisation et le perfectionnement de la gestion du personnel des administrations territoriales.

4. Quels sont les outils légaux de la démocratie participative ?

■ La démocratie participative, c'est le fait d'assurer la participation des citoyens eux-mêmes à la détermination de l'intérêt public local. C'est une nouvelle conception de la prise de décision. La décision est construite et prise avec les citoyens. Cette démocratisation est organisée juridiquement par plusieurs textes règlementaires.

■ La **loi ATR** (« administration territoriale de la République »), dite loi Joxe, de **1992**, stipule que : « le droit des habitants de la commune à être informés des affaires de celle-ci et à être consultés sur les décisions qui les concernent, indissociable de la libre administration des collectivités territoriales, est un principe essentiel de la démocratie locale ».

■ La **loi Barnier du 2 février 1995** dit : « toute personne a le droit d'accéder aux informations relatives à l'environnement détenues par les autorités publiques et de participer à l'élaboration des décisions publiques ayant une incidence sur l'environnement ». Elle crée la Commission nationale du débat public (CNDP) qui deviendra une autorité indépendante en 2002.

■ La **loi sur la solidarité et le renouvellement urbains** (SRU) de **décembre 2000** rend obligatoire la concertation lors de l'élaboration des plans locaux d'urbanisme.

■ La **loi sur la démocratie de proximité du 27 février 2002** rend obligatoire dans les collectivités de plus de 80 000 habitants la création de conseils de quartier. De plus, la loi prévoit qu'un cinquième des électeurs inscrits sur les listes électorales peuvent saisir le conseil municipal en vue de l'organisation d'une consultation sur une opération d'aménagement relevant de la décision des autorités municipales ; le conseil municipal va délibérer sur le principe et les modalités d'organisation de cette consultation ; sachant que la délibération qui décide de la consultation indique expressément que cette consultation ne vaut que demande d'avis. La loi de février 2002 renforce également le rôle des commissions consultatives compétentes pour les services publics locaux (eau, assainissement, équipements sportifs).

■ La **révision constitutionnelle de 2003** inscrit **deux principes** à l'article 72-1 de la Constitution :

- le droit de pétition : « les électeurs de chaque collectivité territoriale peuvent, par l'exercice du droit de pétition, demander l'inscription à l'ordre du jour de l'assemblée délibérante de cette collectivité d'une question relevant de sa compétence » ;
- le référendum : « les projets de délibération ou d'acte relevant de la compétence d'une collectivité territoriale peuvent, à son initiative, être soumis, par la voie du référendum, à la décision des électeurs de cette collectivité ».

■ La **loi du 13 août 2004** apporte une innovation majeure en étendant le processus consultatif à l'ensemble des collectivités territoriales et EPCI ; de plus, la consultation peut être limitée aux électeurs d'une partie du territoire pour les affaires intéressant spécialement ce territoire.

5. Quels sont les outils extra-légaux de la démocratie participative ?

■ D'autres modes participatifs se sont développés à l'initiative des élus. Certains modes participatifs revêtent une dimension pérenne, d'autres correspondent davantage à des approches thématiques ; de plus, de nouveaux dispositifs liés aux nouvelles technologies émergent.

■ S'agissant de **modes participatifs à caractère pérenne**, certains dispositifs sont devenus assez classiques : conseils des jeunes, conseil des sages, conseils des aînés, conseils de crèches, conseils de résidents étrangers, agendas 21 locaux, etc.

■ Des modes participatifs, reposant sur une **approche plus thématique**, se sont également développés : réunion publique, débat public autour d'une sujet particulier ; concertation sur des enjeux d'importance telle la rénovation urbaine ; ateliers urbains ; technique des workshops ou atelier d'urbanisme qui consiste à concevoir certains espaces (jardins, espaces publics, etc.) avec l'assistance de professionnels ; pratique de sondages, panels, jurys citoyens tirés au sort ou conférences de consensus, budgets participatifs, etc.

■ D'autres dispositifs, plus récents et **plus innovants** ont permis un développement de la démocratie locale, grâce à l'essor des réseaux numériques, de **l'e-démocratie** : blogs interactifs, forums en ligne, flux RSS, logiciel de suivi des relations avec les citoyens, etc.

6. Quelles sont les grandes lignes de la loi de finances 2015 et du PLF 2016 ?

■ La loi de finances 2015 met en œuvre la première annuité du plan d'économies à 50 milliards d'euros du gouvernement (sur la période 2015-2017), avec **21 milliards d'euros sur l'ensemble des administrations publiques** dont 7,7 milliards d'euros sur l'État et ses agences, **3,7 milliards sur les collectivités territoriales**, près de 10 milliards sur la Sécurité sociale.

■ Le gouvernement table sur une croissance de 1,1 % en 2015 et a prévu un déficit public de 4,3 % du PIB en 2015.

■ Un **plan d'économies** réalisées sur la masse salariale, les dépenses de fonctionnement et les dépenses d'intervention de l'État est mis en œuvre :

- 1,4 milliard d'euros d'économies réalisées, en 2015, sur la masse salariale de l'État ;
- 1,5 milliard d'économies prévues sur les dépenses de fonctionnement et d'investissement de l'État, notamment grâce à la dématérialisation, la politique immobilière et l'optimisation des achats de l'État ;
- Les agences et les opérateurs de l'État contribueront à l'effort d'économie à hauteur de 1,9 milliard d'euros ;
- 2,4 milliards d'économies réalisées sur les dépenses d'intervention de l'État. Certaines aides seront ainsi mieux ciblées pour plus d'efficacité (réorientation des outils de la politique de la ville selon la nouvelle géographie prioritaire).

■ Au total, la croissance de la dépense publique est limitée à 1,1 % en 2015 contre 2 % en 2013 et 1,4 % en 2014.

■ Quelques informations sur la **loi de programmation des finances publiques (LPFP) 2014-2019** :

- ramener le déficit public sous la barre des 3 % du PIB à horizon 2017, notamment par la mise en œuvre de politiques publiques en faveur de l'emploi et de l'investissement, telles que le crédit d'impôt compétitivité emploi (CICE) et le pacte de responsabilité et de solidarité ;
- poursuivre le plan d'économies de 50 milliards d'euros du gouvernement, mis en œuvre dès 2015, en 2016 et 2017 avec 14,5 milliards d'euros d'économies supplémentaires chaque année.

■ Le budget triennal de l'État pour les années 2015-2017 prévoit également les moyens nécessaires pour la mise en œuvre des priorités du gouvernement, avec notamment :

- pour la jeunesse : la montée en charge du contrat de génération, du service civique et des emplois d'avenir ainsi que la poursuite des créations d'emplois en faveur de l'éducation nationale (60 000 en 5 ans) ;
- pour la sécurité : les créations d'emplois au ministère de la Justice et dans les services de la gendarmerie et de la police ;
- pour la protection des plus fragiles : la poursuite de la revalorisation exceptionnelle du RSA de 2 % par an au-delà de l'inflation dans le cadre du plan pauvreté.

- Quelques informations sur le **projet de loi de finances 2016**

  Le PLF 2016 confirme l'objectif d'une **baisse du déficit public à 3,3 %** du produit intérieur brut (PIB) en 2016 et l'hypothèse d'une **croissance** de 1 % en 2015 et **1,5 % en 2016**.

  Le PLF 2016 marque également la seconde étape de la mise en œuvre du plan d'économies de 50 milliards d'euros qui est sous-jacent à la trajectoire de finances publiques de la loi de programmation des finances publiques (LPFP) pour les années 2014 à 2019.

- Les **mesures « phares » du PLF 2016 :**

  – Baisse d'impôts supplémentaires de **2 milliards d'euros** pour les ménages.

  – Mesures de **soutien aux entreprises** (liées à la mise en œuvre du CICE et du pacte de responsabilité et de solidarité), à hauteur de **33 milliards d'euros** pour 2016.

  – **Prévision de croissance** estimée à **1,5 %**.

  – Effort de **16 milliards d'euros** d'économies **pour les administrations publiques**, après un effort de 18,6 milliards d'euros en 2015 (cf. baisse de 3,5 milliards d'euros des concours financiers de l'État aux collectivités territoriales). Au total, la dépense publique va croître de **1,3 % en 2016**, après + 1,0 % en 2015 et + 0,9 % en 2014.

  – **Dette publique en 2016 de 96,5 % du PIB**, contre 96,3 % en 2015. Cette progression maîtrisée devrait ainsi permettre à la dette publique de se stabiliser en 2016 avant de refluer en 2017.

- Les **chiffres clés du budget 2016**

  – Dépenses nettes estimées : **374,8 milliards d'euros** (contre 367,6 milliards d'euros en 2015).

  – Recettes nettes estimées : **301,7 milliards d'euros** (contre 293,3 milliards d'euros en 2015).

  – Solde du budget général de l'État : **– 72,0 milliards d'euros**.

- Les **principales missions du PLF 2016**

  – Enseignement scolaire : **47,99 milliards d'euros.**

  – Défense : **31,73 milliards d'euros.**

  – Recherche et enseignement supérieur : **25,63 milliards d'euros.**

  – Solidarité, insertion, égalité des chances : **18,04 milliards d'euros.**

  – Égalité des territoires et logement : **17,68 milliards d'euros.**

  – Sécurité : **12,24 milliards d'euros.**

7. Quels sont les principaux axes de la réforme de la géographie prioritaire de 2014 ?

■ Courant 2013, le gouvernement a engagé une remise à plat de la politique de la ville, afin de remédier à l'empilement des dispositifs, à la multiplicité des zonages (ZUS, CUCS, ZRU, ZFU, etc.) rendant l'action publique peu lisible et non pleinement efficiente.

■ D'où **la loi de programmation pour la ville et la cohésion urbaine du 21 février 2014** et la présentation de la nouvelle géographie prioritaire de la politique de la ville à la mi-juin 2014 :

– relèvent désormais de la géographie prioritaire, **1 300 quartiers en métropole, 200 en outre-mer, 702 villes**, soit **5 millions de citoyens concernés**. Ce sont ainsi 300 communes qui sortent du dispositif, et une centaine qui y rentrent ; ce qui permet d'identifier de nouvelles poches de pauvreté, souvent dans des milieux ruraux ou suburbains ;

– un critère unique a été utilisé pour les délimiter : le revenu des habitants, c'est-à-dire la concentration des populations ayant des ressources inférieures à 60 % du revenu médian ; c'est le concept de concentration urbaine de pauvreté.

■ Les périmètres des nouveaux quartiers prioritaires ont été définis par le **décret du 30 décembre 2014**, ils viennent donc se substituer aux zones urbaines sensibles (ZUS) et aux quartiers en contrat urbain de cohésion sociale (CUCS), depuis le 1er janvier 2015.

■ La **loi du 21 février 2014** met en place un nouveau cadre de contractualisation, le **contrat unique de ville** qui associe, dans un même document, sur la période 2014-2020, les actions de cohésion sociale et les actions de rénovation urbaine, et donc mobilise, de façon renforcée, l'ensemble des politiques publiques d'éducation, d'emploi, de justice, de sécurité, de transport, de santé, pour rétablir l'égalité républicaine dans les quartiers. Le contrat de ville, pour le Premier ministre, est « un dispositif qui doit casser la spirale infernale de la ghettoïsation ». **En 2016**, la politique de la ville, pour son volet « cohésion sociale », bénéficiera d'une enveloppe de **438 millions d'euros**, en hausse de 4 %, fléchés notamment sur la réussite éducative et la formation à la laïcité et aux valeurs de la République.

■ Un nouveau **programme de renouvellement urbain 2014-2024** consacre **5 milliards d'euros** pour **200 quartiers** déclarés d'intérêt national.

■ Au 7 janvier 2016, **435 contrats de ville** « nouvelle génération » étaient signés, soit pratiquement 100 % (438 contrats prévus).

8. Expliquez quelles sont les grandes lignes de la loi d'adaptation de la société au vieillissement (loi « ASV »).

■ La loi a été promulguée le 29 décembre 2015 avec **entrée en vigueur au 1er janvier 2016**. Son ambition est d'anticiper les conséquences du vieillissement de la population sur la vie sociale et les politiques publiques. Elle comporte cinq axes principaux.

■ **1er axe : des mesures concrètes pour améliorer le quotidien des personnes âgées et de leurs proches**

Ce sont principalement les départements, en charge de l'aide à d'autonomie des personnes âgées (APA), qui vont être chargés d'appliquer ces nouvelles mesures :
– **réforme de l'APA à domicile** : revalorisation des plafonds des plans d'aide permettant d'augmenter le nombre d'heures d'aide à domicile des personnes qui en ont le plus besoin ; exonération de participation financière des bénéficiaires de l'APA gagnant moins de 800 euros ;
– **meilleure prise en compte des besoins et des attentes des bénéficiaires** : évaluation globale de la situation et des besoins de la personne, y compris en matière d'aides techniques ou de travaux d'adaptation du logement et prise en compte aussi de la situation et des besoins propres des proches aidants. Ces derniers bénéficieront également d'une information plus précise et plus complète sur l'ensemble des aides qui pourraient leur être utiles, et notamment le droit au répit.

■ **2e axe : la reconnaissance et le soutien des proches aidants**

– La loi reconnaît tout d'abord **l'action du proche aidant** en lui donnant une définition et en lui reconnaissant des droits. Une personne qui vient en aide de manière régulière, à titre non professionnel, pour accomplir une partie ou la totalité des actes de la vie quotidienne d'une personne âgée en perte d'autonomie peut être considérée comme un proche aidant. Elle instaure **un droit au répit, intégré à l'APA**, pour permettre aux proches aidants, qui ne peuvent pas être remplacés et dont la présence ou l'aide est indispensable à la vie au domicile du bénéficiaire de l'APA, de prendre un temps de repos.
– L'accueil de la personne aidée dans un accueil de jour ou un hébergement temporaire pourra être financé **jusqu'à 500 euros/an** au-delà des plafonds de l'APA. De même, en cas d'hospitalisation d'un proche aidant qui ne peut être remplacé et dont la présence ou l'aide est indispensable à la vie à domicile, une aide ponctuelle pourra être accordée (jusqu'à 992 euros au-delà des plafonds de l'APA).

■ **3e axe : le soutien à la prévention de la perte d'autonomie des personnes âgées**

– Ceci se traduit par une nouvelle organisation et des financements supplémentaires pour la prévention de la perte d'autonomie au niveau du département. Dans chaque département, **une conférence des financeurs de la prévention de la perte d'autonomie** va adopter un programme coordonné de financement des actions de prévention pour toutes les personnes âgées de 60 ans et plus. La conférence a vocation à financer à la fois des actions collectives de prévention et de lutte contre l'isolement, mais aussi des aides individuelles pour faciliter l'accès aux aides techniques pour les personnes âgées à revenus modestes. Cette conférence des financeurs, présidée par le président du conseil départemental et vice-présidée par le directeur général de l'ARS (agence régionale de santé), réunit toutes les institutions impliquées dans la prévention : caisses de retraite, organismes régis par le code de la mutualité, ANAH (Agence nationale de l'habitat), etc.

– **Les logements-foyers rebaptisés résidences-autonomie et modernisés.** La loi donne un nouveau souffle aux logements-foyers renommés « résidences-autonomie » et renforce leur rôle dans l'offre d'habitat intermédiaire entre le domicile et l'institution pour personnes âgées autonomes et semi-autonomes. Les résidences-autonomie pourront bénéficier d'un financement spécifique pour :

• les actions individuelles ou collectives de prévention à destination de leurs résidents et de personnes extérieures ;

• des travaux de rénovation et de réhabilitation.

■ 4e axe : un renforcement de la transparence et de l'information sur les prix pratiqués en EHPAD

– Par exemple, l'annuaire du portail www.pour-les-personnes-agees.gouv.fr comportera d'ici fin 2016, les **prix de l'hébergement pratiqués par l'ensemble des EHPAD** (établissements d'hébergement pour personnes âgées dépendantes) publics, associatifs et privés commerciaux. Les prix affichés correspondront à un socle de prestations liées à l'hébergement défini par un décret, ce qui facilitera la comparaison des prix des établissements.

– Afin de renforcer les droits des résidents en EHPAD, la loi définit par ailleurs les sanctions encourues par les établissements qui ne respecteraient pas certaines obligations, alors même qu'ils opèrent dans un secteur où par essence le consommateur est généralement vulnérable.

■ 5e axe : une réaffirmation des droits et libertés des personnes âgées

– Les personnes âgées résidant dans des établissements médico-sociaux ou faisant appel à un service médico-social auront désormais la possibilité de désigner une **personne de confiance** quand elles rencontrent des difficultés dans la compréhension de leurs droits.

– La loi accentue les actions de communication pour faire connaître le **mandat de protection future** qui permet d'anticiper sa perte d'autonomie et d'organiser à l'avance sa propre protection.

■ Le financement de ces mesures

Le financement se fait par l'affectation à la CNSA (Caisse nationale de solidarité pour l'autonomie) d'une **partie de la recette de la CASA** (contribution additionnelle de solidarité pour l'autonomie), soit **environ 700 millions d'euros par an**. Ce financement devrait permettre aux départements de couvrir les dépenses nouvelles liées à la mise en œuvre des mesures prévues par la loi.

9. Que savez-vous du RIFSEEP (nouveau régime indemnitaire ?

■ Le **RIFSEEP** est le nouveau régime indemnitaire qui s'inscrit dans un objectif de modernisation et de simplification du paysage indemnitaire de la fonction publique.

■ **Le décret du 20 mai 2014** instaure ainsi un **nouveau régime indemnitaire de référence** tenant compte des fonctions, des sujétions, de l'expertise et de l'engagement professionnel (RIFSEEP). Il est applicable au plus tard à **l'ensemble des fonctionnaires de l'État**, sauf exceptions, à compter **du 1er janvier 2017**.

Ce nouveau régime indemnitaire est **transposable à la fonction publique territoriale** sous réserve de respecter **certains préalables**. En application du principe de libre administration des collectivités territoriales, celles-ci sont en effet **libres d'instituer ou non** ce nouveau régime indemnitaire. Et le nouveau régime indemnitaire adopté par l'organe délibérant ne peut pas être plus favorable que celui dont bénéficient les fonctionnaires de l'État exerçant des fonctions équivalentes.

■ Le RIFSEEP est composé d'une **indemnité principale**, l'indemnité de fonctions, de sujétions et d'expertise **(IFSE)** à laquelle peut s'ajouter un **complément indemnitaire annuel (CIA)** versé en fonction de l'engagement professionnel et de la manière de servir. Le versement de ce complément indemnitaire est **facultatif**. C'est une part variable.

Cette indemnité a vocation à **remplacer tous les régimes indemnitaires existants** et, notamment, la prime de fonctions et de résultats (PFR) qui est abrogée.

■ En application du principe de parité, les agents territoriaux sont concernés par ce dispositif. Son application est cependant subordonnée à la publication d'arrêtés fixant, pour chaque ministère, la liste des corps de fonctionnaires de l'État appelés à en bénéficier.

Plusieurs arrêtés visant les corps de l'État permettent d'ores et déjà de transposer le RIFSEEP à certains cadres d'emplois de la fonction publique territoriale.

■ Les cadres d'emplois concernés sont :
- les administrateurs territoriaux ;
- les attachés territoriaux et les secrétaires de mairie ;
- les rédacteurs territoriaux, les éducateurs territoriaux des activités physiques et sportives et les animateurs territoriaux ;
- les assistants territoriaux socio-éducatifs ;
- les adjoints administratifs territoriaux, les agents sociaux territoriaux, les agents territoriaux spécialisés des écoles maternelles, les opérateurs territoriaux des activités physiques et sportives, les adjoints territoriaux d'animation, les agents de maîtrise territoriaux, les adjoint techniques territoriaux ;
- les conseillers territoriaux socio-éducatifs.

■ Le **montant du CIA** pouvant être attribué à l'agent est compris **entre 0 % et 100 %** d'un montant maximal fixé par groupe de fonctions. Ce montant est déterminé par arrêté interministériel.

Afin qu'il ne représente pas une part disproportionnée dans le régime indemnitaire total, la circulaire du 5 décembre 2014 préconise que le montant maximal du CIA n'excède pas :

– 15 % du plafond global du RIFSEEP pour les corps et emplois de la catégorie A ;
– 12 % du plafond global du RIFSEEP pour les corps et emplois de la catégorie B ;
– 10 % du plafond global du RIFSEEP pour les corps et emplois de la catégorie C.

10. Que savez-vous du choc de simplification engagé par l'État ?

■ Le choc de simplification, ce sont **200 mesures** qui concernent les **entreprises**, les **particuliers** et l'**administration**. Ces mesures ont été présentées en juillet 2013. Ce programme a vocation à être enrichi à un rythme régulier sur toute la durée du quinquennat. **50 nouvelles mesures pour les entreprises ont déjà été annoncées en avril 2014** et **50 nouvelles mesures seront annoncées tous les 6 mois**. En parallèle, une accélération de la simplification pour les particuliers a été décidée en juillet 2014.

■ La simplification administrative répond ainsi à une forte attente des citoyens et constitue l'un des principaux axes d'amélioration de la qualité du service public. Le gouvernement s'est engagé, à compter de mai 2013, à simplifier la vie des Français, à travers notamment un programme pluriannuel de simplification.

■ Quelques **mesures phares** de ce programme :

- le marché public simplifié (MPS) permet, depuis le 1er novembre 2014, à une entreprise ou groupement d'entreprises de répondre à un marché public avec son seul numéro SIRET ; il simplifie radicalement la réponse aux appels d'offres publics, quel qu'en soit le montant, pour les entreprises de toutes tailles ;
- le principe du silence de l'administration vaut accord : sans réponse de l'administration dans un délai de 2 mois, pour nombre de procédures figurant sur une liste, l'usager considérera sa demande comme acceptée. Inscrit dans la loi n° 2013-1005 du 12 novembre 2013, ce principe est entré en vigueur le 12 novembre 2014 pour les services de l'État ;
- d'ici novembre 2015 pour l'État et novembre 2016 pour les collectivités locales, tout usager pourra saisir l'administration par voie électronique. Le recours à la voie électronique permettra d'offrir, tant à l'usager qu'à l'administration, les **mêmes garanties que les envois recommandés** ;
- depuis le 1er janvier 2015, tout demandeur peut obtenir communication des avis préalables à une décision administrative avant même l'adoption de cette décision ;
- depuis le 1er septembre 2013, mise en œuvre du gel de la réglementation : toute nouvelle norme créant des charges nouvelles est « gagée » par la suppression ou l'allègement d'une norme ancienne ;
- prolongation de la durée de validité de la carte nationale d'identité : désormais validité de 15 ans ;
- possibilité d'acheter les timbres fiscaux en ligne, sur Internet.

■ Au **1er juin 2015**, après 21 mois d'application, le choc de simplification a généré des économies estimées à **3,3 milliards d'euros** dont 1,47 milliard pour les entreprises.

11. Quel est le rôle des NTIC dans la relation au citoyen-usager ?

- L'utilisation des NTIC contribue au développement d'une plus grande transparence et d'une meilleure efficacité et efficience des collectivités et administrations publiques, dans la prise en compte des besoins de citoyens ; elle participe de la modernisation de l'action publique.

- Les NTIC sont un facteur de décloisonnement des services.

- Les NTIC contribuent à l'amélioration de la qualité d'accueil de l'administré : informatisation du courrier, pré-enregistrement des circuits administratifs des demandes les plus courantes pour gagner du temps dans la réponse ; création de portails Internet, de guichets uniques virtuels, sur lesquels peuvent être téléchargés des formulaires ; possibilité d'effectuer en ligne des formalités administratives (changement d'adresse, demande d'acte d'état civil, inscriptions en ligne, etc.). Elles poursuivent ainsi un objectif de simplicité, d'efficacité, d'accessibilité 24 h/24, de rapidité dans la délivrance de l'information ; elles permettent de diversifier les modes d'accueil en offrant aux citoyens une gamme d'accès complémentaires et diversifiés aux services administratifs ; c'est la **notion d'administration mobile**.

- Les NTIC sont facteurs d'innovation dans l'interface citoyen, en développant de nouveaux services.

- Les NTIC permettent de développer une administration de service au service des citoyens, en les associant aux débats politiques : blogs interactifs, réseaux sociaux qui participent de la démocratie participative, donc de l'e-démocratie de l'e-gouvernance. Grâce à Internet, les élus peuvent présenter des projets municipaux en ligne, réaliser des sondages en ligne auprès des administrés, recueillir les avis des citoyens et orienter leurs choix et leurs politiques.

12. Quelles sont les dernières évolutions législatives en matière d'égalité professionnelle femme/homme dans la fonction publique ?

■ L'article 1er de la **Constitution de 1958** stipule que « la loi favorise l'égal accès des femmes et des hommes aux mandats électoraux et fonctions électives, ainsi qu'aux responsabilités professionnelles et sociales ».

■ **Un protocole d'accord relatif à l'égalité professionnelle entre les femmes et les hommes** dans les trois fonctions publiques a été signé le **8 mars 2013**. En effet, l'égalité de droits, garantie par la loi, reste à construire dans les faits. En dépit des principes prévus par le statut général des fonctionnaires, visant à combattre les discriminations et à promouvoir l'égalité entre les femmes et les hommes, des inégalités persistent dans les déroulements de carrière, dans les niveaux de rémunérations. Ce protocole a pour finalité de rendre effective cette égalité professionnelle au travers de **quatre axes** :

- le dialogue social comme élément structurant pour parvenir à l'égalité professionnelle ;
- les rémunérations et les parcours professionnels de la fonction publique ;
- la meilleure articulation entre la vie professionnelle et la vie personnelle ;
- la prévention des violences faites aux agents sur leur lieu de travail.

■ **La loi du 4 août 2014 pour l'égalité réelle entre les femmes et les hommes** vise à combattre les inégalités entre hommes et femmes dans les sphères privée, professionnelle et publique. Les grandes lignes de cette loi sont les suivantes :

- dans les collectivités territoriales et EPCI de plus de 20 000 habitants, l'autorité territoriale doit présenter, **depuis le 1er janvier 2016**, préalablement au débat d'orientation budgétaire, un **rapport annuel** sur la situation en matière d'égalité au sein de la structure, les politiques menées et actions de nature à améliorer cette situation ;
- la collectivité territoriale doit s'engager, selon ses compétences, dans un objectif d'égalité dans près de **dix domaines d'action** : lutte contre les violences faites aux femmes et les atteintes à leur dignité, lutte contre la précarité des femmes, égalité professionnelle et salariale, mixité dans les métiers, égal accès aux mandats électoraux et aux fonctions électives, égalité de traitement, entrepreneuriat féminin, etc. Ainsi, la loi avance l'application de l'objectif de 40 % de femmes dans l'encadrement supérieur et dirigeant de la fonction publique, à **2017** au lieu de 2018 ;
- dans les relations avec l'administration, la loi indique que les correspondances des autorités administratives sont adressées aux usagers sous leur nom de famille, sauf demande expresse de la personne concernée de voir figurer son nom d'usage ;
- en matière de commande publique, ne pourront soumissionner à un marché ou une DSP que les personnes qui, au 31 décembre de l'année précédant celle du lancement de la consultation, auront mis en œuvre l'obligation de négociation sur les objectifs d'égalité professionnelle et salariale entre les femmes et les hommes dans l'entreprise.

13. Qu'est-ce que l'*open data* ?

■ L'expression *open data* a été utilisée pour la première fois en **1995** pour des données géophysiques et environnementales.

■ L'*open data*, c'est le fait de diffuser des données publiques à une large échelle et ce, de façon gratuite, dans un objectif de transparence, de démocratie et d'amélioration de l'information citoyenne ; dans l'idée que l'information est un bien appartenant à tous.

■ C'est donc une démarche de publication de données numériques en ligne selon des critères garantissant leur libre accès et leur réutilisation par tous.

■ L'*open data* correspond à un changement culturel important : c'est le passage d'une logique de demande à l'initiative du citoyen à une offre de données publiques gratuite et partagée.

■ L'*open data* est un outil au service de **trois objectifs** :
- améliorer le fonctionnement démocratique, non seulement par la transparence mais par la concertation et l'ouverture à de nouveaux points de vue ;
- améliorer l'efficacité de l'action publique ;
- proposer de nouvelles ressources pour l'innovation économique et sociale : les données partagées trouvent des réutilisateurs qui les intègrent dans de nouveaux services à forte valeur ajoutée économique ou sociale.

■ Quelques **exemples** d'ouverture de données : en 2011, le site **data.gouv.fr**, porté par la **mission Etalab**, dédié à la diffusion gratuite de plus de 21 420 données produites par l'administration ; en juin 2014, la liste des maires (ministère de l'Intérieur) ; prix des carburants en France depuis 2007 (ministère de l'Économie, de l'Industrie et du Numérique), etc. Au 1er janvier 2017, est prévue l'**ouverture gratuite du répertoire SIRENE** (système informatique pour le répertoire des entreprises et des établissements), qui est le plus grand répertoire de données sur « l'état civil » des entreprises françaises et leurs établissements.

■ En mai 2014, est créée la fonction d'administrateur général des données *(chief data officer)*, dont les missions sont les suivantes :
- organiser une meilleure circulation des données dans l'économie comme au sein de l'administration dans le respect de la vie privée et des différents secrets légaux ;
- veiller à la production ou à l'acquisition de données essentielles ;
- lancer des expérimentations pour éclairer la décision publique ;
- diffuser outils, méthodes et culture de la donnée au sein des administrations et au service de leurs objectifs respectifs.

La France est le premier État européen à se doter de cette fonction.

■ L'ONU a classé, en juillet 2014, la France **4e pays au monde** en matière d'administration numérique et premier au niveau européen, saluant notamment les progrès réalisés en matière d'ouverture des données.

■ La France va prendre, en octobre 2016, la présidence du **Partenariat pour un gouvernement ouvert (PGO)** pour un mandat d'un an. Le PGO vise à **promouvoir la transparence de l'action publique et la gouvernance ouverte**, à améliorer la participation citoyenne à l'élaboration des politiques publiques, en associant la société civile et les gouvernements « à la même table ».

■ **Le projet de loi pour une République numérique**, en cours d'examen par le Parlement, devrait marquer une nouvelle étape dans l'ouverture des données publiques en France. Ses dispositions sont de trois types :

- elles visent à **élargir l'accès par internet aux documents administratifs**. Il s'agit de limiter la communication sur demande des documents administratifs, qui seront rendus librement accessibles par internet ;
- le projet de loi énonce le principe selon lequel **les informations publiques qui ont été communiquées ou rendues publiques sont librement réutilisables à d'autres fins** que la mission de service public pour laquelle elles ont été produites ou reçues ;
- le projet de loi introduit la **notion de données d'intérêt général**, en accroissant l'ouverture des données issues de personnes publiques et privées, titulaires de délégations de service public ou dont les activités sont subventionnées par la puissance publique, et en permettant un accès simplifié de la statistique publique, à certaines bases de données privées pour des enquêtes statistiques obligatoires.

14. Qu'est-ce qu'un plan communal de sauvegarde (PCS) ?

■ Le maire est responsable de l'organisation des secours dans sa commune. La prévention des risques et l'information de la population relèvent de l'exercice de ses pouvoirs de police. Le CGCT impose ainsi au maire de prendre toutes les mesures destinées à assurer la protection de ses administrés. La **loi du 13 août 2004** relative **à la modernisation de la sécurité civile** définit le PCS et donne une assise législative à la réalisation des PCS.

■ Le PCS regroupe l'ensemble des documents de compétence communale contribuant à l'information préventive et à la protection de la population en cas de survenance d'une catastrophe majeure, d'un phénomène climatique ou de tout autre événement de sécurité civile ; il détermine en fonction des risques connus :

- les mesures immédiates de sauvegarde et de protection des personnes ;
- il fixe l'organisation nécessaire à la diffusion de l'alerte et des consignes de sécurité ;
- il recense les moyens disponibles (ravitaillement, modalités d'évacuation, hébergement en lieu sûr de la population, etc.) et définit la mise en œuvre des mesures d'accompagnement et de soutien de la population, ainsi que la répartition des tâches entre les différents acteurs.

■ Le PCS est un **outil opérationnel de gestion locale de la sécurité des citoyens**.

15. Quels sont les principaux outils d'urbanisme règlementaire à disposition du maire ?

■ Depuis la **loi du 7 janvier 1983**, les communes sont compétentes en matière de gestion et de respect des règles d'urbanisme. Elles doivent notamment décider du contenu de la réglementation locale d'urbanisme (plans locaux d'urbanisme). Elles sont également compétentes pour déclencher la plupart des opérations.

■ La **loi du 13 décembre 2000** relative à la solidarité et au renouvellement urbains **(SRU)** a modifié certaines règles de l'urbanisme local.

■ La première règle concerne le **règlement national d'urbanisme (RNU)** qui comprend des règles générales sur l'aménagement et la constructibilité permettant de déterminer la faisabilité d'un projet.

■ Autre outil, la **carte communale** : c'est un document d'urbanisme simple, destiné aux communes – souvent des communes rurales – qui n'ont pas de PLU, qui précise les modalités d'application des règles générales d'urbanisme. Elle comprend un rapport de présentation et un document graphique, seul opposable aux tiers, qui délimite les secteurs où les constructions sont autorisées et les secteurs non constructibles où seules peuvent être admises l'adaptation, la réfection ou l'extension des constructions existantes, les constructions et installations nécessaires à des équipements collectifs, à l'exploitation agricole ou forestière et à la mise en valeur des ressources naturelles. Elle précise le cas échéant qu'un secteur est réservé à l'implantation d'activités, notamment celles incompatibles avec le voisinage des zones habitées. Elle est élaborée à l'initiative de la commune et approuvée après enquête publique, conjointement par la commune et l'État.

■ Autre outil, le **PLU** : depuis la loi SRU, le **PLU remplace le POS**. C'est l'outil de planification à l'échelle de la commune. À partir d'un diagnostic, le PLU définit le projet d'aménagement et de développement durable de la commune et donne un cadre de cohérence des différentes actions d'aménagement tout en précisant le droit des sols. Cela se traduit par **trois documents spécifiques** :

- un **projet d'aménagement et de développement durable (PADD)** qui présente le projet communal en matière d'aménagement, d'équipement, d'urbanisme, de protection des espaces naturels, agricoles et forestiers ;
- des **orientations d'aménagement et de programmation**, qui précisent les conditions d'aménagement des quartiers : actions pour répondre aux besoins de logements, pour favoriser le renouvellement urbain, etc. ;
- un **règlement et des documents graphiques** qui délimitent les zones et définissent les règles applicables (quatre types de zones : urbaines, à urbaniser, agricoles et naturelles).

■ Le PLU doit être compatible avec le SCOT (schéma de cohérence territoriale).

■ Conformément à la **loi du 24 mars 2014 pour l'accès au logement et un urbanisme rénové** dite loi **ALUR**, l'élaboration du PLU sera transférée automatiquement à l'EPCI, dans les trois ans qui suivent l'entrée en vigueur de la loi, donc le 27 mars 2017, sauf opposition de 25 % des communes représentant 20 % de la population.

■ Pour répondre aux enjeux actuels d'aménagement des territoires, un **décret relatif à la modernisation** du contenu du plan local d'urbanisme est paru le **29 décembre 2015**, avec une entrée en vigueur au 1er janvier 2016. Ce texte résulte d'une concertation avec les professionnels et les collectivités.

Son enjeu principal est de répondre à un **besoin général de clarification**, de **mise en cohérence et de lisibilité** des règles d'urbanisme, pour en faciliter l'utilisation et la traduction opérationnelle. Ce décret traduit des objectifs structurants auxquels doit répondre le PLU :

- le renforcement de la mixité fonctionnelle et sociale ;
- la maîtrise de la ressource foncière et la lutte contre l'étalement urbain ;
- la préservation et la mise en valeur du patrimoine environnemental, paysager et architectural.

16. Qu'entend-on par « financements croisés » ?

■ Les « financements croisés » correspondent à l'intervention financière cumulée de plusieurs personnes publiques sur une même opération publique.

■ La **loi du 16 décembre 2010** portant réforme des collectivités territoriales reporte à 2015 la réforme des financements croisés avec la définition de schémas d'organisation et de mutualisation des moyens.

■ Le **décret du 7 mai 2012** encadre le régime des interventions financières des collectivités territoriales et de leurs groupements : « toute collectivité territoriale ou tout groupement de collectivités territoriales, maître d'ouvrage d'une opération d'investissement, assure une participation minimale au financement de ce projet ». L'objectif de cette mesure est de « limiter la pratique des financements croisés, de mieux responsabiliser les collectivités initiatrices de projets d'investissement et de contribuer à la maîtrise de la dépense publique locale ».

■ Ainsi, un seuil minimum de participation de la collectivité maître d'ouvrage au financement de son projet a été fixé à **20 % du montant total des financements** apportés par des personnes publiques à ce projet. Les financements croisés sont donc encadrés à hauteur de **80 %**.

■ La loi a prévu **trois exceptions** à la règle de la participation minimale de 20 % : pour les opérations réalisées dans le cadre du programme national de rénovation urbaine ; sur dérogation préfectorale, pour la rénovation des monuments protégés et pour les investissements destinés à réparer les dégâts des calamités naturelles.

■ Toutefois, le cadre actuel des financements croisés a évolué avec la loi NOTRe, du fait de la suppression de la clause de compétence générale et la redéfinition des compétences et des périmètres d'intervention de chaque échelon territorial.

17. Quelles sont les modalités de la résorption de l'emploi précaire dans la FPT ?

■ La **loi du 12 mars 2012**, dite loi Sauvadet, relative à l'accès à l'emploi titulaire et à l'amélioration des conditions d'emploi des agents contractuels dans la fonction publique a prévu un plan de résorption de l'emploi précaire, en deux temps :

– **Étape 1 :** la transformation de plein droit du contrat en cours en CDI, au 13 mars 2012, pour les agents non titulaires qui remplissent certaines conditions, notamment d'ancienneté de service (six ans de service entre le 13 mars 2004 et le 12 mars 2012). Ce sont les agents recrutés sur la base de l'article 3 de la loi n° 84-53 du 26/01/1984. Sont exclus du dispositif les collaborateurs de cabinet, les collaborateurs de groupe d'élus, les emplois fonctionnels, les assistants maternels.

– **Étape 2 :** le dispositif de titularisation, c'est-à-dire la création de voies professionnalisées de titularisation pour les agents en CDI ou en CDD, en fonction au 31 mars 2011, sur un emploi permanent, sous réserve de remplir certaines conditions (ancienneté d'au moins quatre ans en équivalent temps plein entre le 31 mars 2005 et le 30 mars 2011). Peuvent aussi bénéficier de ce dispositif de titularisation les agents qui ont bénéficié de l'étape 1. L'application de cette étape vaut pendant quatre ans, soit jusqu'au 12 mars 2016.

Ce mode de recrutement direct concerne uniquement les grades de la fonction publique territoriale classés en échelle 3 de rémunération : adjoint administratif de 2e classe, adjoint technique de 2e classe, adjoint d'animation de 2e classe, adjoint du patrimoine de 2e classe, agent social de 2e classe.

■ La **loi du 12 mars 2012** prévoit également un autre mode d'accès à l'emploi de titulaire, pour les grades des catégories A, B et C (sauf ceux accessibles sans concours) : les **sélections professionnelles**. Elles sont organisées directement par les collectivités ; celles-ci peuvent également en confier l'organisation, par voie conventionnelle, au centre de gestion du département.

■ Les agents sont placés en position de stage pendant six mois.

■ Chaque collectivité a élaboré, courant 2013, un programme pluriannuel d'accès à l'emploi titulaire, approuvé par l'organe délibérant, en fonction des besoins de la collectivité et des objectifs de la GPEEC.

■ La loi du 20 avril 2016 sur la déontologie, les droits et obligations des fonctionnaires prolonge ce dispositif de titularisation **jusqu'au 12 mars 2018** au lieu du 12 mars 2016 prévu initialement.

18. Qu'est-ce qu'un emploi fonctionnel ?

- Un emploi fonctionnel est un emploi permanent de direction créé par délibération de l'organe délibérant.

- Les emplois fonctionnels ne peuvent être créés qu'en respectant des **seuils démographiques**.

- Deux décrets du 30 décembre 1987 et du 9 février 1990 organisent l'accès aux emplois fonctionnels administratifs et techniques.

- Les emplois fonctionnels recouvrent principalement les postes de directeur général (commune d'au moins 2 000 habitants ou EPCI de 10 000 habitants au moins), de directeur général adjoint (communes d'au moins 10 000 habitants ou EPCI de 20 000 habitants au moins), de directeur ou directeur général des services techniques (commune d'au moins 10 000 habitants).

- Les agents publics occupant un emploi fonctionnel **sont nommés soit par détachement – procédure de droit commun –, soit par recrutement direct** dans les communes et établissements de plus de 80 000 habitants, en qualité d'agent non titulaire, en tenant compte de conditions de diplômes ou de capacités.

- **Seuls peuvent être détachés les fonctionnaires de catégorie A titulaires d'un grade.**

- Les emplois de direction générale incarnent la permanence de l'action publique. Ils sont le relais des décisions des élus et en premier de l'autorité territoriale qui les choisit librement. Ces spécificités expliquent le statut particulier de ces agents, marqué à la fois par une certaine précarité de leurs fonctions et une situation matérielle plus favorable.

- Le directeur général dirige l'ensemble des services et en coordonne l'organisation sous l'autorité du maire ou du président. Il est secondé, le cas échéant, par un ou plusieurs directeur(s) général(aux) adjoint(s). Le directeur des services techniques est placé sous l'autorité du directeur général ou du directeur général adjoint. Il dirige l'ensemble des services techniques dont il coordonne l'organisation.

- Le détachement d'un fonctionnaire sur emploi fonctionnel peut ne pas être renouvelé à son terme par l'autorité compétente de l'organisme d'accueil, voire peut être rompu de manière anticipée, pour tout motif tiré de l'intérêt du service (réorganisation des services, difficulté d'intégration, etc.) ou de la perte de confiance de l'autorité territoriale.

- La décision de fin de détachement sur emploi fonctionnel ne peut pas intervenir dans les 6 mois qui suivent la nomination dans l'emploi fonctionnel ou la désignation de l'autorité territoriale (le maire ou le président) par l'organe délibérant (même en cas de réélection).

19. Qu'est-ce que l'épargne brute ?

■ Le concept d'épargne brute ou d'autofinancement est au cœur de l'analyse financière. C'est l'indicateur de la santé de la collectivité territoriale.

■ Il correspond au flux de liquidités dégagé par l'activité courante de l'exercice : c'est le solde des opérations recettes réelles de fonctionnement (recettes réelles de fonctionnement – dépenses réelles de fonctionnement).

■ Il correspond à un **excédent de recettes réelles de fonctionnement** sur les dépenses réelles de fonctionnement. Cet excédent est indispensable pour financer les investissements et rembourser la dette existante.

■ Un autofinancement élevé sous-tend une marge d'absorption de nouvelles dépenses de fonctionnement ainsi qu'une capacité d'endettement et une capacité à investir.

■ L'épargne brute, contribution intrinsèque de la collectivité au financement de sa section d'investissement, trouve son premier usage dans le remboursement des emprunts : plus elle est importante, plus une dette élevée est tolérable.

20. Qu'est-ce que la mise sous tutelle d'une collectivité territoriale ?

■ Le budget de toute collectivité territoriale doit être voté en équilibre, les recettes comme les dépenses doivent donc être évaluées sincèrement. Tout déficit budgétaire est donc interdit.

■ Pour assurer le respect de l'équilibre budgétaire, la procédure dite de contrôle budgétaire est prévue et peut – via le préfet – amener à l'intervention de la chambre régionale des comptes (CRC).

■ Ainsi, si l'examen de l'exécution du budget d'une année N révèle un important déficit, supérieur ou égal à 5 % des recettes de la section de fonctionnement, le préfet, qui assure le contrôle de légalité des actes municipaux, va saisir la CRC, dont la mission est de proposer au maire un plan pour revenir à l'équilibre budgétaire.

■ L'assemblée délibérante doit préparer le budget primitif de l'année N + 1, en tenant compte des recommandations de la CRC. Le préfet transmet à cette dernière une copie de ce budget. Soit l'assemblée délibérante a tenu compte des recommandations de la CRC et tout rentre dans l'ordre, soit l'assemblée délibérante n'en a pas tenu compte, ou pas assez, et alors s'enclenche le processus de mise sous tutelle préfectorale : la CRC confie au préfet le soin d'appliquer ses recommandations pour régler et rendre exécutoire le budget de la collectivité concernée.

■ On parle de mise sous tutelle, car **l'exécution du budget n'est plus du ressort de l'organe exécutif, mais du préfet.**

■ Dans l'hypothèse d'un déficit grave, les préfets peuvent prendre le contrôle des opérations et imposer des mesures drastiques, notamment des hausses d'impôt ou des réductions des dépenses de fonctionnement, notamment des dépenses de personnel ou des subventions aux associations.

21. Qu'est-ce qu'un contrat de partenariat public-privé ?

■ Le contrat de partenariat public-privé (PPP) est issu de l'**ordonnance du 17 juin 2004**. Il vient compléter la panoplie des outils de la commande publique en France.

■ Le PPP est un contrat administratif par lequel une collectivité territoriale ou un établissement public local confie à une entreprise généralement privée une mission globale comprenant le financement (qui ne peut être que partiel), la construction ou la transformation des ouvrages ou des équipements, leur entretien et/ou leur maintenance.

■ Les **domaines** dans lesquels les collectivités sont susceptibles de recourir au PPP sont nombreux : infrastructures, établissements de santé, éclairage public, écoles, systèmes informatiques, etc.

■ Les **avantages** sont les suivants : l'accélération de la réalisation des projets par le préfinancement ; le recours au savoir-faire et à la technicité des entreprises privées pour des projets complexes ; une approche en coût global ; une garantie de performance dans le temps ; une répartition du risque optimisée entre secteur public et privé, chacun supportant les risques qu'il maîtrise le mieux.

■ Un dispositif assez strictement encadré. Le recours à un PPP est conditionné par :

- un critère de **complexité du projet** : la personne publique n'est pas objectivement en mesure de définir seule et à l'avance les moyens techniques répondant à ses besoins ou d'établir le montage financier ou juridique du projet ;
- un **caractère d'urgence** : il s'agit de rattraper un retard préjudiciable à l'intérêt général affectant la réalisation d'équipements collectifs ou l'exercice d'une mission de service public, quelles que soient les causes de ce retard, ou de faire face à une situation imprévisible.

Par ailleurs, une évaluation préalable est nécessaire pour déterminer si, compte tenu, soit des caractéristiques du projet, soit des exigences du service public dont la personne publique est chargée, soit des insuffisances et difficultés observées dans la réalisation de projets comparables, le recours à un tel contrat présente un bilan entre les avantages et les inconvénients plus favorable que ceux d'autres contrats de la commande publique. Le critère du paiement différé ne saurait à lui seul constituer un avantage.

■ Mais le PPP est un dispositif qui peut présenter des **risques financiers** pour les collectivités. Les chambres régionales des comptes (CRC) ont pointé l'insuffisance d'évaluations comparatives aboutissant à une minimisation du surcoût du recours au PPP par rapport à un emprunt classique de la commune. Or, la collectivité doit payer un loyer annuel qui devra courir jusqu'à l'échéance du contrat, laquelle peut être plus longue qu'une DSP classique (20 voire 30 ans), faisant peser un risque réel sur la situation financière de la commune au regard de son niveau d'endettement. Certains élus locaux ont également dénoncé l'effet anesthésiant du PPP qui pousserait à la dépense.

22. Quelles sont les règles qu'une collectivité territoriale doit observer en matière de subventionnement des associations ?

■ Une subvention, dont il n'existe pas de définition légale, correspond à une aide financière attribuée de façon unilatérale et discrétionnaire, par une collectivité territoriale en vue de financer une œuvre d'intérêt public.

■ Le cadre est posé par **le CGCT et la loi du 12 avril 2000** qui entend professionnaliser les relations des collectivités avec les associations.

■ Une subvention ne peut être versée qu'à une association ayant un objet et une activité présentant un **intérêt public local** ; la subvention peut être de fonctionnement (couvrir les charges et frais divers) ou d'investissement.

■ Une association religieuse ne peut pas recevoir de subventions pour couvrir ses frais relatifs à l'exercice du culte.

■ Une association doit constituer un dossier de demande de subvention.

■ Pour toute subvention **supérieure à 23 000 euros**, la collectivité doit signer une convention d'objectif avec l'association concernée qui spécifie les engagements mutuels et donc sécuriser le partenariat. C'est un élément de stabilité. En contrepartie, ladite association doit produire un compte financier certifié, attestant de la conformité des dépenses effectuées à l'objet de la subvention, dans les six mois qui suivent la fin de l'exercice de l'année d'attribution.

■ De plus, quand une subvention est accordée à une dépense prédéterminée, l'association doit fournir un compte-rendu financier attestant de la conformité des dépenses effectuées à l'objet de la subvention.

■ Toute association, ayant obtenu une subvention annuellement supérieure à 23 000 euros, doit déposer en préfecture ses comptes, la convention signée avec la collectivité.

■ Les associations dont le montant total des subventions atteint 153 000 euros au cours d'une même année doivent publier leurs comptes annuels dans les trois mois qui suivent leur approbation ; l'intervention préalable d'un commissaire aux comptes est obligatoire.

■ Tous ces éléments sont également communicables aux administrés qui en font la demande (loi du 17 juillet 1978).

■ **Pour les élus, il importe d'être vigilant sur leur niveau d'implication** dans une association subventionnée : si un élu, directement ou indirectement, siège dans les organes décisionnels d'une association subventionnée, il importe qu'il ne participe pas aux travaux d'instruction, aux séances des commissions, ni aux délibérations de l'assemblée délibérante de la collectivité, amenée à se prononcer sur la conclusion d'une convention, sur le vote des subventions (notion de prise illégale d'intérêt).

23. Qu'est-ce que la politique de la ville ?

■ La politique de la ville désigne la politique mise en place par les pouvoirs publics pour revaloriser les zones urbaines en difficulté et réduire les inégalités entre les territoires. Cette politique a été initiée, en France, il y a environ 30 ans, alors que le « problème des banlieues » émergeait.

■ Plusieurs mesures et dispositifs se sont succédé et superposé, aboutissant à un mille-feuille réglementaire obérant la lisibilité, voire dans certains cas, l'efficience de la politique de la ville.

■ La politique de la ville a fait l'objet d'une réforme récente qui a abouti à la promulgation de **la loi du 21 février 2014 de programmation pour la ville et la cohésion urbaine**.

■ La politique de la ville réformée repose sur **un nouveau cadre contractuel** : dorénavant un contrat unique de ville signé entre le préfet, l'EPCI et la commune qui se substitue aux contrats CUCS et ANRU. Les EPCI vont en assurer le pilotage stratégique en animant et coordonnant la démarche ; les communes conservent un rôle de pilotage opérationnel et de garant de la prise en compte des réalités de proximité.

■ La géographie prioritaire, c'est-à-dire l'identification et la délimitation des quartiers les plus fragiles, est le pivot de la politique de la ville : dorénavant, un périmètre unique est créé, à savoir le quartier prioritaire de la politique de la ville. La politique de la ville va désormais concerner **1 300 quartiers en métropole, 200 en outre-mer, 702 villes, soit 5 millions de citoyens.**

■ La politique de la ville réformée poursuit donc **trois objectifs majeurs** :
- une participation accrue des habitants dans l'élaboration et la mise en œuvre des contrats de ville (conseils citoyens) ;
- un contrat de ville unique et global, à l'échelle intercommunale sur la période 2014-2020 ;
- un nouveau programme de renouvellement urbain : à hauteur de **5 milliards d'euros pour l'ANRU** sur la période **2014-2024**, pour 200 quartiers déclarés d'intérêt national ; **15 autres milliards** seront mobilisés par les collectivités locales et des bailleurs.

■ Les crédits consacrés à la politique de la ville **en 2016**, dans son volet « cohésion sociale », s'élèvent à **438 millions d'euros**.

■ La mise en œuvre de la politique de la ville réformée relève du **Commissariat général à l'égalité des territoires** (CGET) ; il pilote la mobilisation collective des services de l'État, des élus, des institutions et des acteurs de terrain, pour changer concrètement la vie des habitants des quartiers. Le CGET est issu du regroupement de la DATAR, du secrétariat général du comité interministériel des villes (SGCIV) et de l'Agence nationale pour la cohésion sociale et l'égalité des chances (Acsé).

■ Au 7 janvier 2016, **435 contrats de ville** « nouvelle génération » étaient **signés**, soit pratiquement 100 % (438 contrats prévus).

24. Quels sont les principaux objectifs de la loi Mobilité ?

■ **La loi relative à la mobilité et aux parcours professionnels du 3 août 2009 poursuit trois objectifs principaux.**

■ **Lever tous les obstacles statutaires et financiers** à la mobilité de manière à ce que chaque fonctionnaire puisse exercer ses souhaits de mobilité : droit au départ en mobilité, possibilité d'être intégré directement dans un autre corps ou cadre d'emplois, droit à intégration après cinq ans de détachement, reconnaissance des avantages de carrière acquis lors d'une mobilité. Il s'agit d'offrir à tout agent des perspectives de carrière plus riches et plus diversifiées.

■ **Créer les conditions permettant d'assurer la continuité et l'adaptabilité du service :** harmonisation des conditions de recours à l'emploi contractuel et autorisation de recourir à l'intérim ; création d'un dispositif d'accompagnement personnalisé pour les fonctionnaires de l'État confrontés à la réorganisation de leur service ; un cadre juridique sécurisé pour les agents lors de transferts d'activités entre collectivités publiques, ainsi qu'entre collectivités publiques et organismes privés.

■ **Moderniser les pratiques de recrutement et de gestion des ressources humaines dans la fonction publique :** diversification du recrutement dans la fonction publique (création de corps interministériels, ouverture des concours internes aux ressortissants communautaires) ; modernisation des règles d'évaluation et d'avancement (généralisation de l'entretien professionnel, possibilité d'accéder aux grades supérieurs des corps et cadres d'emplois par la voie d'un concours ou par promotion) ; simplification de la gestion statutaire des personnels (dématérialisation du dossier individuel).

25. Qu'est-ce qu'un ratio d'avancement ?

■ Un ratio d'avancement, c'est le taux de promotion applicable au nombre de fonctionnaires appartenant à un cadre d'emplois pouvant être promus, sous réserve de remplir les conditions d'ancienneté permettant de prétendre à l'avancement de grade, à l'un des grades d'avancement dudit cadre d'emplois.

■ Un ratio d'avancement est donc le rapport entre le nombre d'agents qui peuvent être promus et le nombre d'agents qui remplissent les conditions statutaires (ancienneté de services effectifs, classement à un échelon minimum, examen professionnel, etc.).

■ D'une manière générale les ratios sont déterminés en fonction : du nombre des agents promouvables, de la pyramide du cadre d'emplois (nombre des agents sur les grades d'avancement), de la taille de la collectivité, des politiques budgétaires en matière de ressources humaines. Ils sont compris entre 0 et 100 %. Ainsi, un ratio à 100 % permet, si l'autorité territoriale le souhaite, de nommer l'ensemble des agents promouvables.

■ Le taux de promotion est **fixé par l'assemblée délibérante, à sa libre appréciation**, après avis du comité technique. Ces taux sont applicables à tous les fonctionnaires de catégories A, B et C, excepté les membres du cadre d'emplois des agents de police municipale et les cadres d'emplois de catégorie B réformés pour lesquels un quota est instauré.

■ Une fois que la collectivité s'est dotée d'une délibération fixant les ratios d'avancement de grade, l'autorité territoriale peut, après avis de la CAP, prononcer dans les limites que cette délibération lui fixe, les avancements de grade des fonctionnaires choisis.

26. Qu'est-ce que le fonds de péréquation intercommunal et communal ?

■ La péréquation est un **mécanisme de redistribution visant à réduire les écarts de richesse, et donc favoriser l'égalité entre les collectivités territoriales.**

■ **On distingue deux mécanismes** de péréquation :

– la péréquation horizontale : elle s'effectue entre les collectivités territoriales, elle vise à attribuer aux collectivités défavorisées une partie des ressources des collectivités les plus riches ; il s'agit de prélever une fraction des ressources fiscales de certaines collectivités pour la reverser à des collectivités moins favorisées ;

– la péréquation verticale : elle est assurée par les dotations de l'État aux collectivités. La dotation globale de fonctionnement en est le principal instrument.

■ Face à la réduction des dotations de l'État aux collectivités, il est prévu de développer la péréquation horizontale avec le nouveau **Fonds national de péréquation des ressources communales et intercommunales (FPIC)**, qui s'élevait à 360 millions en 2013 et devrait atteindre 1 270 millions en 2016.

■ Mis en place en 2012, c'est le premier mécanisme national de péréquation horizontale pour le secteur communal. Il consiste à prélever une partie des ressources de certaines intercommunalités et communes, dont le **potentiel financier agrégé** est supérieur à un certain seuil, pour la reverser à des intercommunalités et communes moins favorisées. Le **potentiel financier agrégé** est un nouveau critère d'évaluation de la richesse de l'EPCI et de ses communes membres.

■ Une fois le prélèvement ou le reversement calculé au niveau d'un ensemble intercommunal, celui-ci va être réparti, dans un premier temps entre l'EPCI et l'ensemble de ses communes membres et dans un second temps entre les communes membres.

■ Ce fonds, dont le montant était de 150 millions en 2012, devrait être supérieur à **1 milliard d'euros en 2016**.

27. Qu'est-ce que la CET ?

■ La taxe professionnelle sur les équipements et biens mobiliers (TP), à laquelle étaient soumises les entreprises, a été supprimée le **1er janvier 2010**.

■ Elle a été remplacée par la **contribution économique territoriale** (CET), qui devient ainsi la **première imposition locale des entreprises**.

■ Elle est composée de **deux parties** :

– d'une cotisation foncière des entreprises **(CFE)**, assise sur les valeurs locatives foncières dont le taux est déterminé par les communes ou les EPCI, qui est collectée au seul profit des communes et de leurs groupements ;

– d'une cotisation sur la valeur ajoutée des entreprises **(CVAE)**, partagée entre les différents niveaux de collectivités (25 % pour les communes et leurs groupements, 25 % pour les régions, 50 % pour les départements). Son taux est fixé nationalement selon un barème progressif en fonction du chiffre d'affaires des entreprises. La CVAE est due uniquement par les entreprises, ou personnes exerçant une activité professionnelle non salariée, qui réalisent **plus de 500 000 euros de chiffre d'affaires HT**.

■ En 2014, **6,9 millons d'euros** ont été collectés au titre de la **CFE** et **15,9 millions d'euros** au titre de la **CVAE**.

■ **L'objectif de cette réforme :** lever un des principaux obstacles à l'investissement et soutenir l'emploi, notamment dans les industries et les PME ; remplacer un impôt antiéconomique et à l'assiette déclinante par des prélèvements modernes et dynamiques, en garantissant le niveau de ressources de chaque collectivité.

28. Que signifie pour vous le principe d'égal accès aux emplois publics ?

■ Certains principes régissant la fonction publique ont une **valeur constitutionnelle**. C'est le cas du principe d'égal accès aux emplois publics qui trouve sa source dans l'article 6 de la Déclaration des droits de l'homme et du citoyen.

■ Cet article dispose que « tous les citoyens [...] sont également admissibles à toutes dignités, places et emplois publics selon leurs capacités ; sans autre distinction que celle de leurs vertus et de leurs talents ». Il interdit toute discrimination fondée notamment sur l'ethnie, la race, l'état de santé, le handicap, les croyances, les philosophies ou les opinions, le sexe.

■ L'administration a ainsi l'obligation de vérifier l'aptitude à l'emploi au moyen de procédures formalisées permettant à chacun l'accès aux emplois publics et organisant une sélection sur la base de **critères objectifs de compétences**. Ce principe fonde notamment l'organisation du **recrutement par la voie du concours** pour l'accès aux emplois qualifiés de la fonction publique.

■ La mise en œuvre de ce principe se concrétise également dans l'**organisation de la carrière** des fonctionnaires, notamment par :

- le **principe de séparation du grade et de l'emploi** : il garantit aux fonctionnaires le maintien de leur statut et les protège ainsi d'un éventuel arbitraire de l'administration ; la gestion des fonctionnaires s'effectue selon le principe de la carrière ; le fonctionnaire est « propriétaire » de son grade et non de son emploi ;
- des **règles de déroulement de carrière** organisées par les textes offrant des garanties de progression de carrière, pour partie indépendantes de choix subjectifs de l'administration.

29. Quelles sont les innovations de la réforme du 16 décembre 2010 ?

■ La loi du 16 décembre 2010 modifie en profondeur l'architecture institutionnelle locale et crée de nouvelles institutions. Certaines de ces dispositions ont toutefois été supprimées par la loi Maptam de janvier 2014 (clause de compétence générale rétablie, conseiller départemental).

■ **Première innovation :** le remplacement des conseillers généraux et des conseillers régionaux par un nouveau type d'élu local : le **conseiller territorial**. Siégeant à la fois au conseil général et au conseil régional, il serait élu pour six ans au scrutin uninominal majoritaire à deux tours, dans le cadre de cantons redécoupés. Cette disposition devait permettre de réduire le nombre d'élus, en vue de dégager des économies et de renforcer le poids de l'élu local. La loi Maptam a annulé cette innovation.

■ **Deuxième innovation :** possibilité pour les départements ou régions de fusionner, mais qu'avec l'accord de toutes les assemblées concernées et de la population consultée par référendum.

■ **Troisième innovation :** création d'une nouvelle catégorie d'établissements publics de coopération intercommunale, **la métropole**. Destinée aux zones urbaines atteignant 500 000 habitants (à l'exception de l'Île-de-France), elle a vocation à se substituer aux collectivités préexistantes sur son territoire (communes, communautés et conseil général).

■ **Quatrième innovation :** possibilité pour les EPCI plus de 300 000 habitants d'évoluer, toujours sur la base du volontariat, en **pôles métropolitains**.

■ **Cinquième innovation :** création d'un nouveau dispositif visant à faciliter la fusion entre plusieurs communes, les **communes nouvelles**.

■ **Sixième innovation :** suppression, au 1er janvier 2015, de la clause de compétence générale pour les départements et régions ; la loi Maptam a toutefois rétabli la clause de compétence générale, **mais la loi NOTRe l'a de nouveau supprimée**.

■ De plus, depuis janvier 2015, aucun projet communal ou intercommunal ne peut bénéficier du cumul des subventions départementales et régionales si les conseillers territoriaux n'ont pas adopté **un schéma d'organisation des compétences et de mutualisation des services**.

30. Quel est le rôle du juge administratif ?

■ Il existe plusieurs juridictions administratives : tribunal administratif, cour administrative d'appel et Conseil d'État, ainsi que des juridictions spécialisées dans le contrôle des actes budgétaires.

■ L'indépendance de la juridiction administrative fait partie des principes fondamentaux reconnus par les lois de la République.

■ Le juge administratif peut être saisi **selon trois voies** :

- par tout citoyen contre l'État français ou une autre personne morale de droit public afin de contester une décision prise par le pouvoir exécutif **(excès de pouvoir)** ;
- par le préfet – **le déféré préfectoral** –, au titre du contrôle de légalité. Le préfet défère au juge administratif (tribunal administratif) les actes qu'il estime illégaux dans les deux mois suivant leur transmission à ses services. Parmi ces actes figurent les délibérations des conseils municipaux, généraux et régionaux ;
- par toute personne physique ou morale intéressée afin d'obtenir un dédommagement pour une faute de l'État français ou de ses services ou établissements publics, des collectivités territoriales ou de leurs établissements rattachés, des hôpitaux ou services assimilés **(plein contentieux)**.

■ Les **pouvoirs** du juge sont les suivants :

- possibilité d'**annuler une décision administrative contestée, car considérée comme illégale.** L'acte va être considéré comme n'ayant jamais existé et les effets qu'il a pu produire sont également annulés. Le cas échéant, le juge administratif peut redonner à l'administration de prendre une nouvelle décision dans un sens déterminé ;
- possibilité de **modifier la décision contestée**. Il ne s'agit plus seulement d'annuler purement et simplement une décision, mais de la modifier de manière à la rendre légale. Par exemple, lors d'élections, le juge administratif constate de très graves irrégularités, commises par le candidat élu ; il peut, si ces « manœuvres » ont changé l'issue de l'élection, déclarer élu un autre candidat ;
- possibilité de **condamner une administration à payer une somme d'argent à titre de dommages et intérêts.** Si le juge constate qu'une administration a causé un préjudice (les services de l'équipement n'ont pas entretenu une route nationale, qui a provoqué des accidents), il peut la condamner à indemniser la victime ;
- possibilité de **prononcer des mesures d'urgence** ; possibilité de demander la **suspension** de l'exécution d'un acte administratif et d'ordonner une expertise.

31. À quoi fait référence le principe de précaution ?

■ Le principe de précaution a été introduit en droit français par **la loi Barnier du 2 février 1995** sur le renforcement de la protection de l'environnement. Il s'agit du principe selon lequel « l'absence de certitudes, compte tenu des connaissances scientifiques et techniques du moment, ne doit pas retarder l'adoption de mesures effectives et proportionnées visant à prévenir un risque de dommages graves et irréversibles à l'environnement à un coût économique acceptable ».

■ Le principe de précaution est donc une notion qui préconise l'adoption de mesures de protection avant qu'il y ait des preuves scientifiques complètes démontrant l'existence d'un risque ; autrement dit, une action ne devrait pas être différée simplement en raison de l'absence de renseignements scientifiques complets.

■ Ce principe **a aujourd'hui valeur constitutionnelle**. La révision constitutionnelle du **1er mars 2005** a annexé la Charte de l'environnement à la Constitution. L'article 5 de la Charte dispose que « lorsque la réalisation d'un dommage, bien qu'incertaine en l'état des connaissances scientifiques, pourrait affecter de manière grave et irréversible l'environnement, les autorités publiques veillent, par application du principe de précaution et dans leurs domaines d'attribution, à la mise en œuvre de procédures d'évaluation des risques et à l'adoption de mesures provisoires et proportionnées afin de parer à la réalisation du dommage ».

■ Une proposition de loi constitutionnelle visant à instaurer **un principe d'innovation responsable** a été déposée en **novembre 2014**. Le texte est constitué d'un unique article qui propose de remplacer le principe de précaution par un « principe d'innovation responsable », dans la Charte de l'environnement de 2004. Il s'agirait d'atteindre l'objectif suivant : « un développement économique efficace, réfléchi et pondéré face aux grands risques environnementaux ».

32. Pouvez-vous expliquer la notion de responsabilité de l'administration ?

■ Pendant longtemps, la responsabilité de l'administration ne pouvait être engagée. Incarnant l'intérêt général, et le mettant en œuvre, l'administration ne devait pas voir son action entravée par un risque juridique trop important.

■ **Les choses ont changé à la suite d'un arrêt célèbre du tribunal des conflits (arrêt Blanco de 1873).** Celui-ci affirme en effet que la responsabilité de l'administration peut être engagée en cas de dommages causés aux usagers du service public ou aux tiers. Mais **la responsabilité ne pouvait souvent être engagée qu'en cas de faute lourde**, c'est-à-dire une faute d'une gravité particulière.

■ Depuis la fin des années 1980, le régime de la faute lourde est en très fort recul. Il a ainsi été abandonné en matière médicale par un arrêt de 1992 (Époux V.).

■ Même dans des secteurs de l'action administrative jugés particulièrement sensibles, tels que les services d'incendie ou les services de secours en mer, le juge administratif a abandonné l'exigence d'une faute lourde pour se contenter d'une faute simple.

■ Par ailleurs, les **régimes de responsabilité sans faute** se sont considérablement développés. Le juge, dès lors qu'il constate qu'un acte de l'administration a causé un dommage, indemnise la victime, même en l'absence de faute avérée de l'administration. Tel est le cas, par exemple, pour les accidents médicaux les plus graves (lorsque le patient entre à l'hôpital pour un acte bénin ou dont il ignore le risque, et ressort dans un état exceptionnellement grave), ou pour les dommages causés par un ouvrage public à des tiers (ex. : inondation d'une maison en raison du mauvais fonctionnement du réseau d'évacuation des eaux).

■ L'administration est donc soumise **au principe de responsabilité**, qui l'oblige à réparer les dommages causés par son fait. Ce principe peut **prendre plusieurs formes** :

– La **responsabilité contractuelle** concerne les relations de l'administration et des personnes signataires d'un contrat avec elle (cocontractants). Si l'administration, ou son cocontractant, n'exécute pas les obligations prévues au contrat, l'autre partie peut saisir le juge afin d'obtenir réparation à ces manquements contractuels.

– Dans les autres cas, la **responsabilité** est dite **extracontractuelle**, car elle ne trouve pas son fondement dans un contrat. La responsabilité peut alors être :

• une **responsabilité pour faute**. La victime doit alors démontrer une faute de l'administration ; quand la responsabilité est pour faute, elle peut être qualifiée de simple ou lourde. En principe, une faute simple suffit aujourd'hui à engager la responsabilité de l'administration, mais dans certains cas une faute lourde demeure exigée ;

• une **responsabilité sans faute**. Il faut seulement prouver que le dommage est en lien avec une activité de l'administration, qui n'a pas commis de faute pour autant. La responsabilité sans faute peut être de **deux types** :

- soit « **pour risque** » ; par exemple les dommages liés à des travaux publics, à l'utilisation de matériels dangereux comme des explosifs, à des risques subis par les agents pendant leur service ;
- soit pour « **rupture d'égalité devant les charges publiques** » du fait d'une loi ou d'une décision légale ; par exemple, une loi interdit la commercialisation d'un produit qui a fait la fortune d'une entreprise, ruinant de ce fait cette dernière.

33. Que savez-vous du harcèlement dans la fonction publique ?

■ C'est la loi de modernisation sociale du 17 janvier 2002 qui définit, pour la première fois, la notion de harcèlement moral. Cette loi a ainsi abouti à insérer dans le titre Ier du statut général des fonctionnaires (loi du 13 juillet 1983) un nouvel article 6-quinquies dont la structure est analogue à celle de l'article 6-ter relatif au harcèlement sexuel. Cet article protège l'ensemble des agents publics, titulaires ou non, contre les agissements constitutifs de harcèlement moral.

■ Ainsi, aucun fonctionnaire ne doit subir les agissements répétés de harcèlement moral qui ont pour objet ou pour effet une dégradation des conditions de travail susceptible de porter atteinte à ses droits et à sa dignité, d'altérer sa santé physique ou mentale ou de compromettre son avenir professionnel.

■ De plus, la **loi du 6 août 2012 relative au harcèlement sexuel** a rétabli le délit de harcèlement sexuel sur la base d'une nouvelle définition identique dans le Code pénal, le Code du travail et dans la loi du 13 juillet 1983 portant droits et obligations des fonctionnaires.

■ La loi condamne toutes les formes de harcèlement et confirme l'obligation de l'employeur de protéger également ses agents contre les persécutions résultant du harcèlement moral. Dans le cadre de la prévention de toutes les violences faites aux agents sur leur lieu de travail, **la lutte contre le harcèlement moral et sexuel constitue une priorité dans la fonction publique.** Cette action comporte un **volet répressif** et un **volet préventif**.

■ **Volet répressif :**

– S'agissant du harcèlement sexuel, à savoir le fait d'imposer à une personne, de façon répétée, des propos ou comportements à connotation sexuelle qui portent atteinte à sa dignité en raison de leur caractère dégradant ou humiliant, ou créent à son encontre une situation intimidante, hostile ou offensante, il est puni de deux ans d'emprisonnement et de 30 000 euros d'amende. Ces peines peuvent être portées à trois ans d'emprisonnement et à 45 000 euros d'amende en cas de circonstances aggravantes (dont le fait d'abuser de l'autorité que l'on détient).

– S'agissant du harcèlement moral, à savoir des agissements répétés, qui ont pour effet une forte dégradation des conditions de travail de l'agent public, qui porte atteinte à ses droits et à sa dignité, ou altère sa santé physique ou mentale, ou compromet son avenir professionnel, il est puni de un à deux ans d'emprisonnement et de 15 000 à 30 000 euros d'amende.

– Outre les sanctions civiles ou pénales, une sanction disciplinaire peut être prononcée contre un agent ayant procédé ou enjoint de procéder à des actes ou agissements de harcèlement sexuel ou moral.

– Le harcèlement sexuel ou moral peut ouvrir droit à la protection fonctionnelle pour les agents qui en seraient victime. Cette protection recouvre trois obligations :

• une obligation de prévention : l'administration doit mettre en œuvre les moyens appropriés pour éviter ou faire cesser les agissements subis par le fonctionnaire ;

• une obligation d'assistance juridique ;

• une obligation de réparation : le paiement de sommes couvrant la réparation du préjudice subi du fait des agissements.

- **Volet préventif :**

– La hiérarchie doit exercer ses prérogatives liées à son autorité et doit donc faire cesser l'existence de faits de harcèlement. Tout encadrant est responsable de la sécurité et santé des agents relevant de son autorité hiérarchique.

– Les agents publics doivent respecter des principes déontologiques et de valeurs fondamentales, liés au caractère d'intérêt général de leurs missions, notamment la dignité et la probité et de ce fait, l'interdiction de tout agissement de nature à discréditer l'administration. De plus, tout fonctionnaire a une obligation de signalement : si, dans l'exercice de ses fonctions, il a connaissance d'un crime ou d'un délit, il doit sans délai en informer le procureur de la République.

– La prévention du harcèlement doit être articulée avec la démarche globale de prévention de l'ensemble des risques auxquels sont exposés les agents. Doivent être associés le CHSCT, le conseiller de prévention, le médecin du travail, l'ACFI.

– De par la loi du 6 août 2012, les employeurs publics sont incités à afficher les « dispositions des articles 222-33 et 222-33-2 du Code pénal concernant les harcèlements sexuel et moral ».

– La **procédure d'alerte** peut être déclenchée : l'agent signale immédiatement à sa hiérarchie ainsi qu'au CHSCT toute situation de travail dont il estime raisonnablement qu'elle présente un danger grave et imminent pour sa vie ou sa santé. Le signalement doit être recueilli de façon formalisée par le biais du registre spécial tenu sous la responsabilité du chef de service.

– **L'exercice du droit de retrait :** tout agent public bénéficie d'un droit de retrait en cas de danger grave et imminent pour sa vie ou sa santé, droit pouvant être utilisé pour une situation de harcèlement sexuel. Il peut être aussi utilisé pour le harcèlement moral dès lors que le danger est considéré comme grave et imminent.

– Mettre en place des formations spécifiques de manière à renforcer la prise de conscience des situations de harcèlement sexuel ou moral ainsi que le cadre juridique, les sanctions encourues, à lutter contre les stéréotypes et les discriminations qui y sont liées.

34. Que savez-vous du dispositif de financement participatif ?

■ Le financement participatif, également dénommé *crowdfounding* consiste à recueillir le **soutien financier de particuliers** via une plate-forme sur Internet. Le financement participatif est un concept ancien qui a pris de l'ampleur dans les dernières années avec le développement des réseaux sociaux. C'est donc une démarche participative qui rend le contributeur acteur du projet.

■ C'est une alternative aux circuits traditionnels de financement, qui permet notamment, à des micro-projets de qualité et innovants d'émerger via la participation de leur public.

■ Cela peut constituer un véritable levier pour obtenir un financement bancaire complémentaire.

■ Il existe **trois types de financement participatif** :
- le **don** pouvant donner lieu à des contreparties en nature (CD, place de spectacle) ;
- le **prêt à titre gratuit ou rémunéré** ;
- la **prise de participation par la souscription de titres** (actions ou obligations), l'investisseur acquérant des titres de capital émis par l'entreprise ainsi soutenue.

■ Le nombre d'initiatives financées de façon participative est en très forte expansion.

Entre 2013 et 2014, les montants levés ont doublé et atteignent **150 millions d'euros**. Ils doublent encore entre 2014 et 2015 et atteignent près de **300 millions d'euros**.

Sur cette même période, l'investissement passe de **90 à près de 200 millions d'euros** collectés. Les plateformes de prêt représentent à elles seules **200 millions d'euros** collectés.

35. Qu'est-ce qu'un désert médical ?

■ Un désert médical désigne une zone du territoire dont la concentration de professionnels et d'établissements de santé est insuffisante par rapport aux besoins et à la réalité démographique du territoire, ou tout du moins inférieure de 30 % à la moyenne nationale, voire de 60 % selon l'UFC. Donc des approches un peu différentes au niveau des définitions.

■ Globalement, la France ne connaît pas une situation critique, selon l'INSEE : **334 médecins pour 100 000 habitants** (seuil critique fixé à 250 médecins pour 100 000 hab.).

■ Mais la France compte de nombreux déserts médicaux, en raison de la mauvaise répartition territoriale des professionnels. Cette désertification médicale touche les zones rurales, le Nord de la France, ainsi que les banlieues des grandes villes.

■ **3,1 millions de Français** vivent dans un désert médical, s'agissant des généralistes (5 % de la population). Mais **la situation est plus préoccupante pour les spécialistes** (pédiatres, gynécologues, ophtalmologistes), pour lesquels on compte entre 19 %, 14 % et 13 % de la population dans un désert médical.

■ Cela se traduit par des délais d'attente très longs et un possible renoncement aux soins non urgents.

■ La ministre de la Santé, Marisol TOURAINE, a lancé, en décembre 2012, un plan de lutte contre les déserts médicaux, **le pacte territoire-santé, avec 12 mesures**, notamment :

- obliger les étudiants en médecine à faire un stage en médecine générale et garantir les revenus pendant deux ans ; garantie d'un revenu de 4 600 euros pendant deux ans pour tout jeune médecin généraliste s'installant dans des zones médicalement sous-dotées ;
- désigner un « référent-installation » dans chaque région : rôle de facilitateur pour les démarches d'installation des étudiants ;
- développer la télémédecine ;
- garantir un accès aux soins urgents en moins de 30 minutes d'ici 2015 ;
- favoriser l'installation de centres de santé dans les zones sous-médicalisées par l'attribution d'aides.

36. Que savez-vous de la loi de santé « Marisol Touraine » ?

■ La loi de santé « Marisol Touraine » promulguée **le 26 janvier 2016** a pour ambition de définir un cadre à l'action publique pour les dix ans à venir.

■ Les objectifs sont à la fois de faire de la prévention une priorité, de combattre les injustices et les inégalités de santé et d'accès au système de soins, d'adapter le système de santé français aux besoins des patients, ainsi qu'aux mutations qui sont à l'œuvre (le vieillissement de la population, le développement des maladies chroniques, l'exigence d'information, la proximité territoriale, etc.).

■ La loi de santé « Marisol Touraine » s'articule autour de **trois axes majeurs** : le renforcement de la prévention, la réorganisation autour des soins de proximité à partir du médecin généraliste, le développement des droits des patients.

– **Renforcement de la prévention :** désigner un médecin traitant pour les enfants ; améliorer l'information nutritionnelle ; protéger les jeunes des ravages de l'alcool et lutter contre le tabagisme ; favoriser des stratégies de prévention innovantes (tests rapides d'orientation diagnostique (TROD) de l'hépatite C, autotests de dépistage du VIH disponibles en pharmacie depuis juillet 2015, expérimentation des « **salles de consommation à moindre risque** ») ; renforcer l'éducation à la santé dans les établissements d'enseignement du second degré ; améliorer l'accès à l'IVG sur tout le territoire, avec la suppression du délai de réflexion de 7 jours et la possibilité pour les centres de santé de pratiquer des IVG instrumentales.

– **Faciliter la santé au quotidien :** la **généralisation du tiers payant en est la mesure phare** ; elle est généralisée à tous les Français, **au 30 novembre 2017**. Ainsi, lors d'une visite médicale, les Français n'auront plus à payer la part de l'assurance maladie avant de se faire rembourser ; **création d'un numéro national unique sur tout le territoire**, permettant d'être mis en relation avec un médecin de garde quels que soient l'heure et le lieu ; **mise en place d'un service public d'information en santé** ; autre mesure d'importance, c'est la mise en place du **parcours de santé** en vue de placer le patient au centre du système de prise en charge ; la création du dossier médical partagé.

– **Faire progresser les droits des patients et renforcer la transparence :** la loi crée le **droit à l'oubli** pour les anciens malades. Les anciens malades du cancer n'auront plus à le déclarer, 10 ans après l'arrêt de leur traitement, pour emprunter ou s'assurer. Ce délai est ramené à 5 ans pour les mineurs ayant souffert d'un cancer. La loi contient enfin des mesures pour faire progresser la démocratie sanitaire, comme **l'ouverture des données de santé** et **l'association des usagers au fonctionnement de l'ensemble des agences sanitaires**.

37. Que savez-vous du plan pluriannuel de lutte contre la pauvreté et pour l'inclusion sociale ?

■ Le plan pluriannuel, **adopté le 21 janvier 2013**, par le comité interministériel de lutte contre les exclusions (CILE) vise à la fois à répondre à l'urgence sociale et à structurer la politique de solidarité sur le long terme.

■ **Cinq grands principes** structurent la nouvelle approche gouvernementale pour réduire les inégalités, prévenir les ruptures, accompagner vers l'insertion et coordonner l'action sociale :

– le principe d'**objectivité** : face à l'ampleur et à la diversité des situations de pauvreté, il n'est plus acceptable de continuer à considérer les pauvres et les précaires comme une minorité marginale, peu ou prou responsables de leur situation ;

– le principe de **non-stigmatisation** : les personnes en situation de pauvreté ou de précarité veulent s'en sortir, le sens des politiques sociales est de les y aider ;

– le principe de **participation des personnes** en situation de pauvreté à l'élaboration et au suivi des politiques publiques : la parole des personnes directement concernées par les difficultés sociales enrichit les propositions politiques de leur expertise ;

– le principe du « **juste droit** » : sans oublier la question de la fraude sociale, le gouvernement entend s'assurer que l'ensemble des citoyens bénéficient de ce à quoi ils ont droit ;

– le principe de **décloisonnement des politiques sociales** : la solidarité prend maintenant place dans chaque pan de l'action publique. Ce principe va de pair, sur le terrain, avec un changement des pratiques, dans le sens d'une meilleure coordination des acteurs, publics, associatifs et privés, autour de l'accompagnement des personnes.

■ Présentation, le **3 mars 2015**, par le Premier ministre, de la **nouvelle feuille de route 2015-2017** du plan pluriannuel de lutte contre la pauvreté, prenant appui sur les préconisations du rapport de François Chérèque, et qui comprend **54 mesures, dont les principales sont** :

– la **création de la prime d'activité, au 1er janvier 2016**, mesure phare de la nouvelle feuille de route : elle concerne les personnes gagnant **jusqu'à 1 400 euros** et est aussi ouverte aux **jeunes travailleurs de 18 à 25 ans**. Elle se substitue à la prime pour l'emploi et au RSA activité. **Entre 4 et 5 millions** d'actifs sont éligibles à la prime d'activité dont 700 000 à 1 million de jeunes, soit un engagement financier annuel de **4 milliards d'euros** ;

– l'extension d'ici 2017 de la **garantie jeunes, destinée aux jeunes sans emploi ni formation**, à tous les départements, soit 100 000 jeunes concernés ;

– la **revalorisation du montant des prestations sociales** pour les familles modestes et les parents isolés (+ 10 % par an pour le complément familial, soit une aide supplémentaire de 216 euros par an ; + 5 % par an pour l'allocation de soutien familial, soit 100 euros par an en plus en moyenne) ;

– **plus de 150 000 logements sociaux par an**.

38. Qu'est-ce que la Bpifrance ?

■ La Bpifrance, banque publique d'investissement, est un organisme de garantie et de cofinancement destinée à soutenir les petites et moyennes entreprises, les entreprises de taille intermédiaire et les entreprises innovantes, en appui des politiques publiques de l'État et des régions. Elle intervient comme partenaire financier de l'entreprise, auprès des financements bancaires traditionnels ; ses prêts accompagnent le développement de l'entreprise tout au long de sa vie.

■ La Bpifrance soutient plus particulièrement l'économie sociale et solidaire (ESS) au travers de **trois outils**, juridiquement reconnus par la **loi du 13 juillet 2014 sur l'ESS** :

- le fonds de financement de l'innovation sociale : ce fonds de 40 millions d'euros est cofinancé par l'État et les régions ; mis en place à titre expérimental, pour trois ans, il consiste à diffuser des avances remboursables afin d'encourager la prise de risque ;
- le fonds destiné à financer les fonds des entreprises de l'ESS, ayant un fort impact social et/ou se trouvant au stade de la croissance et de la transmission ;
- le prêt participatif social et solidaire (PPSS) : un prêt bancaire, pour financer le bas de bilan ; l'objectif est d'augmenter le nombre de projets de croissance financés ; l'engagement financier porté par cet outil se situe autour de plusieurs dizaines de millions d'euros.

■ Le *crowdfunding* : mise en place d'une plate-forme dédiée pour les particuliers désireux de participer au financement des projets des TPE du secteur de l'ESS.

39. Qu'est-ce qu'un projet urbain partenarial (PUP) ?

■ Le PUP, créé par la **loi du 25 mars 2009 de mobilisation pour le logement et de lutte contre l'exclusion**, est une nouvelle forme de participation au financement des équipements publics.

■ C'est un mécanisme contractuel de préfinancement des équipements publics par les constructeurs ou les aménageurs privés, nécessaires aux futurs usagers ; c'est un dispositif **plus souple** que le programme d'aménagement d'ensemble (PAE).

■ C'est un nouvel outil financier pour permettre le développement de l'urbanisme opérationnel d'initiative privée, renforçant ainsi les interventions publiques d'aménagement.

■ Le PUP permet à la commune ou l'EPCI compétent de s'engager conventionnellement à réaliser les équipements publics dont le constructeur a besoin pour conduire son opération d'aménagement ; le constructeur prenant en charge le coût des équipements nécessaires à son projet.

■ L'initiative du PUP appartient, en principe, au propriétaire foncier, au constructeur ou à l'aménageur public ou privé. Mais les communes dotées d'un PLU ou d'un EPCI peuvent également être à l'initiative de cette convention.

■ Le PUP a **un double intérêt** : permettre un préfinancement des équipements publics avant leur réalisation ; possibilité de percevoir une somme supérieure à celle qui résulterait de l'application de la taxe d'aménagement.

■ Avec la **loi ALUR du 24 mars 2014**, le PUP peut être « forcé » et donc imposé aux constructeurs.

40. Qu'est-ce que le SCOT ?

■ Le schéma de cohérence territoriale (SCOT) est l'outil de conception et de mise en œuvre d'une planification stratégique intercommunale, à l'échelle d'un large bassin de vie ou d'une aire urbaine, dans le cadre d'un projet d'aménagement et de développement durables (PADD).

■ **Le SCOT remplace le schéma directeur, en application de la loi sur la solidarité et le renouvellement urbains (SRU) du 13 décembre 2000.**

■ Le SCOT sert de cadre de référence pour les différentes politiques sectorielles, notamment celles centrées sur les questions d'organisation de l'espace et d'urbanisme, d'habitat, de mobilité, d'aménagement commercial, d'environnement, etc. Il en assure la cohérence, tout comme il assure la cohérence des documents sectoriels intercommunaux : PLUI, PLU, PLH, PDU, cartes communales établis au niveau communal.

■ Le SCOT contient **trois documents** :

- un rapport de présentation, qui contient notamment un diagnostic et une évaluation environnementale ;
- le projet d'aménagement et de développement durables (PADD) ;
- le document d'orientation et d'objectifs (DOO).

■ L'EPCI est compétent pour élaborer le SCOT.

41. Qu'est-ce que la SEMOP ?

■ **La loi du 1er juillet 2014** a consacré en France une forme de coopération publique privée institutionnelle en créant la Société d'économie mixte à opération unique (SEMOP).

■ La SEMOP constitue une nouvelle forme d'entreprise publique locale. L'objet de la SEMOP est large : elle peut être chargée soit de la réalisation d'une opération de construction, de développement du logement ou d'aménagement, soit de la gestion d'un service public (qui n'est pas nécessairement à caractère industriel et commercial) pouvant inclure la construction des ouvrages ou l'acquisition des biens nécessaires au service, soit de toute autre opération d'intérêt général relevant de la compétence de la collectivité territoriale ou de l'EPCI.

■ L'originalité de la SEMOP est qu'elle a vocation à exécuter le seul et unique objet et contrat attribué par la personne publique. **L'existence de la SEMOP est donc liée à la durée du contrat.** La société ne pourra pas bénéficier de l'attribution d'autres contrats, elle sera dissoute dès la réalisation de son objet ou au terme de l'exécution du contrat attribué.

■ La SEMOP peut être constituée (comme la SPL) par deux actionnaires au moins. La SEMOP doit être constituée par une seule collectivité ou un seul EPCI, pouvant détenir entre 34 % et 85 % du capital aux côtés d'un ou plusieurs opérateurs économiques détenant quant à eux entre 15 % et 66 % du capital. C'est la personne publique qui assure la présidence de la société.

■ La loi prévoit toutefois une procédure assez contraignante pour effectuer le choix de l'opérateur privé actionnaire.

42. Que savez-vous du pacte de responsabilité et de solidarité ?

■ Le pacte de responsabilité et de solidarité a un double objectif :
- rendre les entreprises compétitives et créer les conditions de la création d'emplois pour faire reculer le chômage ;
- permettre d'augmenter le pouvoir d'achat des ménages et, en priorité, celui des foyers modestes.

■ Le pacte prévoit d'accorder, sur quatre ans, **41 milliards d'euros** d'aides aux entreprises – avec des contreparties sur lesquelles les entreprises doivent s'engager –, en vue de les inciter à embaucher et investir (baisse du coût du travail, baisse du taux d'imposition des entreprises, simplification de la vie des entreprises). Le pacte tient compte du crédit d'impôt compétitivité emploi (CICE), qui représente à lui seul la moitié de l'enveloppe.

■ Le pacte doit permettre de créer **200 000 emplois** à l'horizon **2017**.

■ Le pacte prévoit près de **5 milliards d'euros** de mesures en faveur des ménages modestes, d'ici 2017.

■ Le pacte est financé par le **plan d'économies des dépenses publiques de 50 milliards d'euros d'ici 2017**, par la **lutte contre la fraude fiscale**.

43. Que savez-vous de la GEMAPI ?

■ La loi « Maptam » du 27 janvier 2014 crée une **compétence ciblée et obligatoire** relative à la **gestion des milieux aquatiques et la prévention des inondations**, et l'attribue aux communes et à leurs groupements. La loi NOTRe a décalé au **1er janvier 2018** l'entrée en vigueur de la GEMAPI, initialement prévue au 1er janvier 2016 par la loi Maptam.

■ Jusqu'alors, l'entretien et la restauration des cours d'eau et des ouvrages de protection contre les crues incombaient à tous les niveaux de collectivités. Les régions, les départements, les communes et leurs intercommunalités pouvaient s'en saisir, mais aucune de ces collectivités n'en était spécifiquement responsable.

Dorénavant, ces travaux seront exclusivement confiés aux communes et à leurs établissements publics de coopération intercommunale (EPCI) à fiscalité propre.

■ La GEMAPI couvre **quatre champs d'intervention** : l'aménagement des bassins et sous-bassins hydrographiques ; l'entretien des cours d'eau, canaux, lacs et plans d'eau ; la défense contre les inondations et la mer (digues) ; la protection et la restauration des écosystèmes aquatiques.

■ Toutefois, les entités déjà à l'œuvre sur le terrain seront conservées, les structures de bassin sont donc confortées. Les établissements publics territoriaux de bassin **(EPTB)** et les établissements publics d'aménagement et de gestion de l'eau **(EPAGE)** pourront assurer la GEMAPI, après transfert de compétence par le bloc local.

■ Les départements et les régions demeurent partenaires, sur la base du volontariat : ils peuvent financer des opérations.

■ Les communes ou les EPCI qui exercent la compétence GEMAPI peuvent instituer une **taxe facultative plafonnée à 40 € par habitant** et par an dont le produit est affecté à un budget annexe spécial.

44. Comment les communes peuvent-elles agir en faveur de l'emploi ?

En théorie, les compétences des communes sont limitées en ce qui concerne la politique de l'emploi, car celle-ci relève **essentiellement du ressort de l'État**. L'article L. 2251-1 du Code général des collectivités territoriales dispose que : « L'État a la responsabilité de la conduite de la politique économique et sociale ainsi que de la défense de l'emploi. »

Les communes se sont toutefois, depuis plusieurs années, fortement engagées dans ce domaine de diverses manières :

- les **aides indirectes** : possibilité pour les communes de fixer librement le prix de vente ou de location de terrains aménagés mis à la disposition des entreprises pour faciliter leur implantation ; aides financières aux structures d'insertion ; aides aux structures de l'économie sociale et solidaire ;
- les **aides au maintien des services nécessaires aux besoins de la population en milieu rural**, dès lors que « l'initiative privée est défaillante ou absente » ;
- les **actions conjointes menées avec des acteurs locaux**, tels les missions locales, qui accompagnent les jeunes de moins de 26 ans, les PLIE (plans locaux pour l'insertion et l'emploi), les maisons de l'emploi (créées suite à la loi de programmation pour la cohésion sociale du 18 janvier 2005) ;
- les **services municipaux de l'emploi** pour accompagner les publics à partir de 26 ans, avec généralement des **cyber-bases emploi** dans des espaces dédiés, équipés d'ordinateurs en libre accès avec l'appui d'animateurs et de documentation spécifique ;
- des actions de **mobilisation des acteurs économiques du territoire**, dont l'objectif est de sensibiliser les acteurs à **recruter localement**, via des événements tels des forums/rencontres pour l'emploi.

45. Que savez-vous du plan numérique du gouvernement français ?

■ Le 4 octobre 2014, le Premier ministre Manuel Valls a lancé une grande concertation sur le numérique. Le **Conseil national du numérique**, sur la base des 18 000 contributions reçues et des 70 ateliers organisés dans toute la France, a remis, le **18 juin 2015**, son rapport qui contient **70 propositions**.

■ Intitulé « **La République numérique en actes** », ce plan d'action se décline en **quatre axes principaux**, qui font la devise de cette République numérique : Liberté d'innover, Égalité des droits, Fraternité d'un numérique accessible à tous et Exemplarité d'un État qui se modernise.

■ **1er axe : la liberté d'innover.** Le numérique doit être le moteur de la croissance et de l'entreprise. Ceci passe par le soutien aux startups de la French Tech (label créé pour faire de la France un vaste incubateur d'innovation), mais aussi par la fourniture aux TPE, PME et commerces des outils numériques leur permettant de se moderniser, de vendre en ligne, etc.

■ **2e axe : l'égalité des droits.** Il est nécessaire de penser de nouveaux droits du citoyen à l'ère numérique (cf. même accès de tous aux réseaux des opérateurs), de faciliter l'accès du citoyen aux prestations auxquelles il a droit : par exemple, un système de santé plus efficace et plus moderne, avec le plan « hôpital numérique », une justice plus accessible, qui permet de déposer une plainte en ligne et de suivre son traitement.

■ **3e axe : la « fraternité ».** Il s'agit de garantir le partage par tous des progrès liés au numérique. Cela passe par la lutte contre la fracture numérique et donc le **déploiement du très haut débit** sur la totalité du territoire. Cela implique aussi le développement de l'accompagnement à l'usage du numérique, donc la **médiation numérique**, y compris chez les personnes les plus éloignées du numérique : expérimentation d'un « compagnon digital » pour les personnes âgées, renforcement de l'accessibilité numérique pour les personnes souffrant d'un handicap (cf. élaboration d'une charte qui sera signée avec les représentants des e-commerçants). Cela se traduit aussi par le **plan « numérique à l'école »** (formation initiale et continue des enseignants, enseignement du numérique, etc.). Le numérique doit aussi être un atout dans la bataille contre le chômage : ouverture d'un « **Emploi store** », en juillet 2015, **bouquet de services pour les demandeurs d'emploi**, regroupant les applications et services numériques développés notamment par Pôle Emploi.

■ **4e axe : « l'exemplarité ».** C'est la **transformation numérique de l'État**. La France, même si elle est l'un des leaders mondiaux de l'administration électronique, doit simplifier ses services numériques : programme « Dites-le nous une fois » pour ne pas avoir à saisir les mêmes informations d'un service à l'autre ; renforcement de la politique de mise à disposition des données publiques (open data) ; **début 2016**, droit à tous les usagers de **saisir l'administration en ligne**.

■ Ces différents axes devraient trouver leur traduction juridique dans la **future loi pour une République numérique**, en cours de discussion au Parlement.

46. Que savez-vous du compte épargne-temps dans la fonction publique territoriale ?

■ Le compte épargne-temps (CET) a été institué dans la fonction publique territoriale par le **décret du 26 août 2004**.

■ Le CET est un dispositif permettant aux fonctionnaires titulaires et aux contractuels, à temps complet ou non, de stocker des jours de congé et de RTT (jours de réduction du temps de travail) et, si la collectivité le prévoit, les jours de repos compensateur des heures supplémentaires ou de sujétions particulières non utilisés sur l'année. Son ouverture est facultative et se fait à la demande de l'agent. Les agents devant obligatoirement prendre 20 jours effectifs de congé par an, le CET ne peut pas être alimenté par la totalité des congés annuels. **L'alimentation du CET est plafonnée à 60 jours.**

■ Les règles d'ouverture, de fonctionnement, de gestion et de fermeture du compte, ainsi que les formalités d'utilisation sont fixées **par délibération** de l'organe délibérant.

■ Au-delà des 20 jours de congés obligatoires, l'agent a **trois options**, son choix devant être fait avant le 31 janvier de l'année suivante (année N+1), dans les conditions prévues par la délibération de l'organe délibérant :

- maintien des jours sur le CET, avec un plafond maximum de 60 jours ;
- prise en compte en épargne retraite au sein du régime de la retraite additionnelle de la fonction publique (RAFP) ;
- indemnisation forfaitaire variable en fonction de la catégorie hiérarchique : pour un agent de catégorie A, le montant forfaitaire par jour est de 125 euros ; pour un agent de catégorie B, le montant est de 80 euros ; pour un agent de catégorie C, il est de 65 euros.

■ En l'absence d'une délibération prévoyant l'indemnisation ou la prise en compte dans le régime du RAFP, les jours épargnés ne peuvent être utilisés que sous forme de congés. Et, à l'issue d'un congé de maternité, d'adoption ou de paternité, d'un congé d'accompagnement d'une personne en fin de vie, l'agent qui en fait la demande bénéficie de plein droit de ses congés épargnés.

PARTIE 4

Le management

Les questions pour les catégories A et B

Questions corrigées

1. Quels sont les différents types de management ?

■ Le management, c'est l'ensemble des pratiques mises en œuvre pour administrer, mobiliser et développer les ressources humaines impliquées dans l'activité de la collectivité. C'est la conduite de l'action collective en vue d'assurer l'efficience, l'efficacité des politiques publiques menées.

■ Selon le niveau hiérarchique et l'horizon temporel, on distingue le **management stratégique**, du niveau de la direction, dont les décisions s'appliquent à long terme et le **management opérationnel**, au niveau de l'équipe d'exécution, dont les décisions s'appliquent à court terme.

■ Le management désigne l'ensemble des techniques visant à optimiser l'usage des ressources de la collectivité en vue de la réalisation d'un objectif. Son sens originel est l'art de conduire, de diriger, de mener.

■ Il y a principalement **deux grands types de management** : le management hiérarchique et le management situationnel.

■ Le **management hiérarchique** se décompose en **quatre catégories** :

– Le **management directif :** il y a d'un côté le donneur d'ordres, de directives, et de l'autre les exécutants. C'est une approche simple et très hiérarchisée ; l'encadrant au style directif s'intéresse aux résultats : il donne des consignes, suit la progression vers les objectifs fixés ; il informe plus qu'il ne communique et prend seul les décisions ; la dynamique relationnelle est donc très réduite.

Les **avantages** du management directif : un cadre rassurant, certains collaborateurs appréciant le fait d'être en permanence cadrés, de savoir très précisément ce qu'ils ont à faire, de se sentir protégés par une hiérarchie ; c'est un style de management efficace dans des situations d'urgence ;

Les **limites** du management directif : une diminution des initiatives individuelles ; l'absence de confiance dans les collaborateurs ; une frustration des collaborateurs ayant le sentiment d'être réduits à de simples pions ; l'encadrant développe un comportement autoritaire, voire autocrate.

– Le **management participatif :** l'encadrant suscite l'engagement, l'implication, la prise d'initiative des collaborateurs ; ceux-ci sont responsabilisés, impliqués dans la prise des décisions, ils participent à la mise en œuvre des objectifs. La communication, le dialogue et la délégation du pouvoir occupent une place essentielle.

Les **avantages** du management participatif : le collaborateur se sent valorisé et reconnu, son autonomie est facilitée, il a plus de liberté d'action ; les échanges, l'expression des points de vue sont favorisés ; cela contribue à une bonne ambiance de travail, les tensions sont atténuées ; l'organisation est plus humaine. Les collaborateurs sont plus proactifs, plus impliqués dans la recherche d'améliorations et de solutions.

Les **limites :** l'encadrant donne trop souvent satisfaction afin d'éviter des désaccords ou conflits ; ce management demande du temps pour donner l'ensemble des informations nécessaires et pertinentes ; le management participatif ne convient pas à tout le monde et ne vaut pas pour toutes les situations, notamment celles de crise ; certains collaborateurs ayant des personnalités moins affirmées peuvent se sentir mis de côté.

– Le **management délégatif** : l'encadrant entend développer la responsabilisation, la capacité d'initiative, l'autonomie et la motivation des collaborateurs ; il indique les missions et les résultats à obtenir et laisse les collaborateurs mettre en œuvre leurs propres modes de faire dans l'exécution.

Les **avantages** du management délégatif : le développement des compétences et potentialités des collaborateurs ; la forte motivation et implication des collaborateurs du fait de la délégation ; le renforcement du respect mutuel, de la confiance ; un climat de travail épanouissant.

Les **limites** du management délégatif : risque de circulation d'informations contradictoires en cas de désaccord entre l'encadrant et un collaborateur ; risque de désorganisation de la hiérarchie dans la mesure où des décisions, à un niveau inférieur, peuvent prendre le pas sur celle du niveau supérieur ; un laisser-faire qui isole l'encadrant de ses collaborateurs ; une tendance à privilégier l'administration des activités plutôt que l'humain ; des collaborateurs livrés à eux-mêmes.

– Le **management persuasif** : l'encadrant va présenter ses convictions, expliquer ses décisions, susciter des échanges ; il consulte pour faciliter ses prises de décisions qui ne sont pas partagées. Il encourage les collaborateurs à mettre en œuvre ses décisions.

Les **avantages** du management persuasif : favoriser l'expression des idées ; créer une équipe plus soudée, plus impliquée ; mobiliser une équipe autour d'une vision commune, partagée ; développer des relations de confiance ; faciliter le travail en mode projet.

Les **limites** du management persuasif : risque d'un encadrant démagogue ; la non-écoute des points de vue des collaborateurs ; un encadrant qui s'éloigne de la réalité opérationnelle ; freine l'initiative.

– Mais le management n'est efficace que s'il est adapté – on parle alors de management situationnel :

- à la situation : une situation de crise ou d'urgence : privilégier le style directif ;
- à l'équipe : face à une équipe qui a l'habitude de travailler ensemble, qui se connait bien, privilégier le management délégatif. Dans un groupe qui met l'esprit d'équipe au cœur de ses priorités, un management persuasif est plus indiqué ;
- à l'individu : une équipe est composée d'individualités diverses, certains ont besoin d'être rassurés, encadrés, dirigés, privilégier alors un management directif ; d'autres préfèrent avoir plus de latitude, de responsabilités, privilégier alors un management participatif.

- **Le management hors hiérarchique : management transversal**

  – C'est le management de projet ou management transversal. Le manager transversal est le capitaine de l'équipe missionnée pour atteindre collectivement un résultat. Il va développer des capacités de coordination et de coopération. Il va avoir une équipe ponctuellement dédiée et mettre ainsi la puissance du collectif au service de la mission. Le manager transversal a pour mission de faire faire pour atteindre le résultat fixé par la hiérarchie. Il n'a pas d'autorité hiérarchique.

  – Le management transversal est un management sans équipe permanente.

  – Le manager transversal doit agir en leader, être un bon communicant, faire très régulièrement des feed-backs, tant individuels que collectifs, savoir être persuasif, savoir mutualiser les compétences, savoir créer un climat facilitant l'adhésion.

2. Quelle est l'utilité d'un organigramme ?

■ Un organigramme est la représentation graphique de la structure d'une collectivité, d'une direction, d'un service. Il permet de visualiser les différents types de relations : les relations **hiérarchiques** (relations d'autorité) qui permettent la transmission des directives et qui sont identifiées en traits pleins ; les relations **fonctionnelles** (liées aux activités exercées) qui permettent la transmission des informations, le travail en groupe, qui sont identifiées par des traits en pointillés.

■ Un organigramme traduit visuellement les objectifs prioritaires de la collectivité.

■ Un organigramme a un **triple intérêt** :

– pour les **agents** : ceux-ci peuvent se situer, savoir qui fait quoi, qui dépend de qui, identifier les niveaux de responsabilité, la répartition des tâches ; cela améliore l'efficacité du travail. C'est donc un support de communication interne ;

– pour la **direction générale** : c'est un outil d'analyse permettant d'améliorer régulièrement l'organisation des directions et donc les modalités de production du service public ;

– pour les **usagers**, pour les **partenaires** : l'organigramme permet de connaître les différents services, de les situer les uns par rapport aux autres, de comprendre les niveaux de prise de décision. C'est donc aussi un moyen de communication externe.

3. Que signifie le travail en transversalité ?

■ Le travail en transversalité est devenu un nouvel enjeu organisationnel et de management dans les collectivités.

■ Cela consiste à fédérer, rassembler des compétences différentes mais complémentaires en vue de réaliser un projet, un objectif, trouver des solutions.

■ C'est la mise en synergie de compétences distinctes, plurielles, qui, associées, vont créer de la valeur ajoutée.

■ Dans un contexte de plus en plus contraint, notamment financièrement, il devient essentiel, pour toute collectivité, de favoriser le travail collaboratif, dans une finalité de meilleure performance. Cela permet de fédérer les collaborateurs autour d'objectifs stratégiques et opérationnels partagés, d'harmoniser les pratiques, de partager les informations, de mutualiser les connaissances. Ce système de coproduction correspond à ce qu'on appelle « **l'intelligence collective** ».

■ Le travail en transversalité valorise les collaborateurs, développe leurs compétences ; ainsi les collaborateurs étant plus responsabilisés, ils sont plus proactifs, plus impliqués, ils participent directement à la production qualitative des politiques publiques.

4. Quelle est l'utilité d'une fiche de poste ?

- Selon le contexte, une fiche de poste a plusieurs finalités et intérêts.

- Elle permet d'identifier, de clarifier les fonctions, les missions, le champ d'action, le niveau de responsabilité de tout collaborateur. La fiche de poste va servir d'appui, lors de l'entretien professionnel annuel d'évaluation, pour évaluer les compétences mobilisées par l'agent pour la réalisation des objectifs fixés. Elle est évolutive et donc traduit la valorisation du parcours professionnel de l'agent. Elle permet de vérifier la bonne adéquation des résultats obtenus en fonction des objectifs définis.

- La fiche de poste est un support indispensable lors d'une procédure de recrutement pour pourvoir un poste vacant.

- C'est un outil de dialogue et de gestion individuelle.

5. Que contient une fiche de poste ?

- Une fiche de poste comporte plusieurs éléments :
  - l'intitulé du poste et ses caractéristiques : les conditions statutaires, la durée du temps de travail, le service de rattachement ;
  - les liaisons hiérarchiques et fonctionnelles qui positionnent l'agent dans la collectivité, et définissent son niveau de responsabilité ;
  - la présentation des missions principales et missions secondaires ;
  - les sujétions particulières ou difficultés liées au poste ;
  - les conditions requises pour accéder au poste (diplômes, formations) ;
  - les moyens matériels mis à disposition du poste ;
  - les savoir-faire et les savoir-être requis.

6. Que signifie le travail en mode projet ?

■ Le travail en mode projet est une nouvelle façon de s'organiser et de travailler. Il est conçu comme une organisation transversale, qui favorise la coopération et la complémentarité des compétences en vue d'atteindre un objectif bien précis. On passe d'un management vertical, hiérarchique, à un management horizontal, transversal.

■ Le travail en mode projet consiste à fédérer, associer, **temporairement**, autour d'un chef de projet, des agents issus de services différents, ayant des compétences distinctes mais complémentaires, en vue de réaliser une commande, de mener un projet à son terme, organiser un événement.

■ Cela permet de raccourcir les circuits de décisions habituels ; cela permet de se focaliser en priorité sur l'atteinte des objectifs. Cela développe la culture du résultat et de la qualité de service.

■ Cela permet d'améliorer les savoir-faire, les compétences internes, de décloisonner les métiers ; cela développe la cohésion entre agents, le partage de valeurs, une certaine fierté d'appartenir à la collectivité, un regain de sens au travail.

■ Cela permet d'utiliser certaines compétences individuelles jusque-là peu sollicitées ; cela développe l'intelligence collective.

7. Comment faites-vous circuler l'information dans votre service ?

■ Informer c'est mettre à disposition les données permettant aux collaborateurs de **savoir**, d'**agir** et de **décider**.

■ Il y a plusieurs supports, outils pour faire circuler l'information. Il y a d'abord des **supports écrits** : un journal interne envoyé aux collaborateurs avec la fiche de paie, également accessible sur l'Intranet ; un Intranet est également un support de communication interne apprécié par les agents en raison de sa facilité d'accès. Il permet de donner des informations générales sur l'activité de la collectivité, de valoriser des actions portées par des agents. La messagerie électronique ainsi que les notes écrites permettent de donner de l'information descendante, des consignes, de faire des rappels.

■ Il y a également les **supports oraux** : les réunions de services : c'est un vecteur essentiel pour l'encadrant de faire passer des messages importants et fédérateurs ; c'est le moyen de faire le point sur les dossiers, de donner le même niveau d'information dans un cadre structuré, de recueillir aussi de l'information ascendante de la part des collaborateurs, ces réunions étant également un temps d'échange et de débats.

■ Il y a également les réunions individuelles de point de dossiers avec chacun des collaborateurs, au cours desquelles l'encadrant adapte les messages délivrés selon la nature des fonctions exercées par chaque collaborateur.

■ La circulation de l'information fait partie de la posture managériale, au service d'un fonctionnement efficient de la collectivité. Elle permet de développer un bon climat relationnel et de valoriser les collaborateurs.

8. Quel est l'intérêt d'un Intranet dans une collectivité ?

■ Un Intranet est un réseau informatique interne à la collectivité qui utilise les protocoles de communication et les technologies du réseau Internet.

■ L'objectif d'un Intranet est la mutualisation des connaissances qui constituent le patrimoine intellectuel de la collectivité. C'est un outil du **e-management**.

■ L'Intranet comporte deux volets principaux :

– **le courrier électronique :** moyen de communication qui démultiplie les possibilités d'échange tant à l'intérieur de la collectivité que vers l'extérieur. Il permet, à chaque personne disposant d'une adresse électronique, de recevoir et d'envoyer du courrier tout en le dématérialisant totalement. C'est un moyen de communication plus réactif, qui modifie les circuits hiérarchiques traditionnels, car moins formel et plus interactif ;

– **une information partagée :** un accès rapide et performant, depuis son poste de travail, à la base documentaire de la collectivité, mise en permanence à jour ; l'information diffusée le plus largement possible est un gage d'efficience pour tous. C'est un moyen de créer des espaces projets, des espaces de travail collaboratifs ; c'est un moyen de développer l'auto-formation en ligne.

■ Les **avantages sont multiples** : une organisation plus rationnelle ; une diminution des coûts de fonctionnement ; une meilleure gestion et circulation de l'information, au demeurant plus structurée et centralisée dans un même espace ; un gain de temps ; une mobilité et des possibilités de télétravail facilitées.

9. Quel est le rôle d'un encadrant ?

■ Le rôle d'un encadrant est très vaste. Mais on peut le qualifier avec les verbes d'action et de compétence suivants :

– **Donner le sens :** communiquer aux collaborateurs les orientations politiques, le projet d'administration ; donner des objectifs collectifs et individuels clairs ; définir un projet d'équipe.
Un encadrant est le porte-parole des décisions prises par les élus, la hiérarchie ; il est également un diffuseur de l'information ainsi que de la culture, des valeurs de la collectivité.

– **Organiser, coordonner, animer :** tout encadrant doit être en capacité de planifier le travail, hiérarchiser les priorités, répartir le travail en fonction des compétences, prévoir et anticiper les changements et améliorations organisationnelles ; cela implique de savoir déléguer, de savoir faire faire ; un encadrant doit savoir conduire un projet autour d'une équipe mobilisée, assurer la cohésion de l'équipe ; cela implique également d'assurer un suivi individuel de chaque collaborateur.

– **Réguler et décider :** tout encadrant doit savoir anticiper et solutionner les conflits, il est de sa responsabilité de fluidifier les relations ; il doit être aussi en capacité de recadrer si nécessaire, en objectivant les situations ; il doit susciter et accompagner le changement en faisant évoluer les pratiques, en étant force de proposition, en adaptant les missions aux évolutions.

– **Valoriser :** multiplier les signes de reconnaissance positifs, en disant clairement votre satisfaction du travail accompli ; savoir reconnaître le travail et la contribution de chaque collaborateur ; savoir écouter ce que dit le collaborateur. **La reconnaissance individuelle est un besoin vital.**

– **Former, soutenir et aider au développement :** l'encadrant doit aider tout collaborateur à capitaliser les difficultés rencontrées, voire les échecs, ainsi que les actions réussies ; élaborer un plan de développement du collaborateur, afin de l'aider à progresser dans l'acquisition de nouvelles compétences ; contribuer ainsi à accroître la confiance du collaborateur en ses capacités ; aider à la prise d'initiative et à l'autonomie.

■ De plus, un encadrant sera d'autant plus reconnu qu'il pratiquera régulièrement **son auto-évaluation**.

10. Quelles sont les qualités requises pour être un bon encadrant ?

■ En introduction, il faudra rappeler qu'encadrer une équipe et diriger un service ne s'improvise pas, ce n'est pas donné à tout agent de pouvoir prendre des décisions, fédérer une équipe autour de projets. En effet, les compétences et les qualités nécessaires ne sont pas forcément en adéquation avec la personnalité de chacun.

■ Vous pouvez ensuite présenter les **savoir-faire et savoir-être** suivants :

– Savoir donner l'information utile, les orientations actées (communication descendante).

– Savoir hiérarchiser les priorités et répartir le travail des collaborateurs, en fonction de ces priorités, et savoir maintenir le cap.

– Avoir un sens aigu du service public, de l'intérêt général.

– Savoir déléguer et donc faire confiance, tout en organisant la délégation.

– Savoir fixer des objectifs clairs.

– Savoir anticiper les conflits, mais aussi les gérer, avec objectivité, impartialité et neutralité bienveillante, et écoute active.

– Pratiquer systématiquement le management situationnel.

– Savoir se remettre en question et reconnaître ses erreurs.

– Être en appui des collaborateurs et les aider à trouver des solutions aux difficultés rencontrées.

– Valoriser le travail des collaborateurs.

– Avoir une éthique managériale.

– Ne jamais faire prévaloir l'affect, dans un propos, une réaction, dans une prise de décision.

■ Toutes ses qualités vous permettront d'avoir un charisme naturel, élément essentiel pour être un bon encadrant et qui tient aussi beaucoup à votre personnalité et aux valeurs que vous défendez.

11. Comment peut-on mobiliser ou remobiliser un collaborateur ?

- **Mobiliser un collaborateur passe par certains préalables :**

  – Fixer des objectifs clairs, réalistes, tenables, atteignables.

  – Donner du sens aux actions à réaliser : les actions, les missions individuelles doivent s'inscrire dans un projet global d'équipe, dans un projet de service, lui-même étant la traduction opérationnelle du projet politique, du projet d'administration ; échanger régulièrement sur le sens du travail, sur l'intérêt que le collaborateur y trouve, sur la satisfaction qu'il en retire.

  – Organiser un suivi individuel régulier du collaborateur, épauler dans le cadre d'une relation structurée.

  – Valoriser les points forts du collaborateur, identifier les difficultés rencontrées, analyser leurs causes et trouver ensemble des solutions ; donner confiance et rendre fier le collaborateur. Il s'agit de mettre en avant ses talents.

  – Être soi-même, en tant qu'encadrant, exemplaire : cette image d'éthique managériale que vous renvoyez dynamise également le collaborateur.

- **Remobiliser un collaborateur :**

  – Dans le cadre professionnel, malgré tout votre savoir-faire managérial, il y aura forcément et naturellement un moment où un collaborateur connaîtra des moments de bas, de démotivation, de doutes, etc. Nul n'est en permanence au top de sa motivation.

  – Votre rôle d'encadrant sera de faire rapidement le point avec le collaborateur afin d'identifier la nature de la démotivation/démobilisation, si elle est passagère ou plus profonde :

  • organiser un entretien spécifique : vous expliquez au collaborateur que votre objectif est de comprendre les facteurs de sa démotivation et de l'aider ; il ne s'agit en aucune manière de faire des reproches ;

  • comprendre les causes : est-ce que ce sont des facteurs d'ordre personnel (problème de santé, etc.) ? ; est-ce que ce sont des facteurs liés au fonctionnement du service ? est-ce votre comportement de manager qui est à l'origine de cette démotivation ? est-ce une question de surcharge de travail, etc. ?

  – Il est nécessaire de vite clarifier la situation de démotivation du collaborateur, d'encourager celui-ci à exprimer les difficultés qu'il rencontre, ce qu'il apprécie dans son travail, ce qui lui déplaît ; en tant qu'encadrant, vous devez aider le collaborateur à surmonter ces difficultés. Si les causes sont professionnelles, élaborez ensemble un plan d'action et faites des points d'étape de façon très rapprochée.

12. Peut-on tout déléguer ?

- Déléguer, cela signifie confier à un collaborateur des tâches, une activité, une mission, des responsabilités à assumer.

- Pour l'encadrant qui délègue, cela lui permet d'optimiser son temps, d'avoir plus de temps pour la réflexion stratégique et plus de distanciation et de recul.

- Cela permet d'accroître l'autonomie des collaborateurs, d'élargir leur champ de compétence générale, de développer leur sens des responsabilités et donc leur motivation et implication.

- Mais certaines responsabilités, liées à l'essence même de la fonction d'encadrant, ne peuvent pas être déléguées : la définition des orientations, la stratégie, la direction à suivre ; la fonction de supervision, de contrôle et d'évaluation ; la fonction d'arbitrage final.

13. Quel est le rôle d'un encadrant vis-à-vis de l'élu ?

■ La production des politiques publiques relève de la responsabilité croisée de l'élu et du cadre. Cette complémentarité implique, pour qu'elle soit la plus efficiente possible, un partage clair des rôles et responsabilités.

■ Le cadre doit se faire **reconnaître comme un manager** par l'élu. Cela nécessite de mettre en œuvre les savoirs suivants :

- un **savoir généraliste :** une culture générale, formatrice de l'esprit ; une culture territoriale, utilisée à bon escient ;
- un **savoir technique :** un ancrage technique métier, une expertise ; la maîtrise d'une réglementation associée ; des qualités de bon gestionnaire ;
- un **savoir-faire managérial :** le pilotage de projets visant à déployer les politiques publiques concernées ; savoir donner du sens ; savoir dire non ; un mode de communication adapté au contexte ; donner des indications claires ; expliquer et informer ; savoir valoriser, savoir reconnaître le travail réalisé ;
- un **savoir-être :** un charisme, un leadership naturel ; être intègre ; être exemplaire ; être constant ; être empathique.

■ Le partage des rôles doit être clairement établi et ce, à plusieurs niveaux :

– **Au niveau stratégique :** l'équipe politique définit le projet politique, le projet d'administration ; elle hiérarchise les priorités. Le cadre assure la traduction opérationnelle du projet d'administration, au travers d'un projet de direction/de service. Il met en œuvre une multiplicité de projets découlant du projet d'administration, des priorités actées, il procède à leur évaluation et propose des réajustements. Il sert d'appui, de soutien à l'élu, il est force de proposition, il aide à la décision, de par son pouvoir d'expertise ; il a un rôle d'alerte.

– **Au niveau de la relation citoyenne :** l'élu définit le plan de communication, il a un rôle de représentation dans les réunions publiques, il tient des permanences ; il s'efforce de répondre aux attentes de la population. Le cadre va organiser la communication, les réunions, il va apporter la « bonne » réponse, légale, fiable, équitable, technique, etc., il va être le garant du bon accueil de l'usager.

– **Au niveau du personnel :** l'élu participe aux instances du dialogue social : CHSCT, CT, CAP ; lors des tenues de l'assemblée délibérante, il est amené à voter les délibérations qui créent ou suppriment les emplois. L'autorité territoriale, en tant que chef du personnel, signe les arrêtés de recrutement, de nomination, décide des avancements, des sanctions, validait jusqu'au 1er janvier 2015 la note résultant de l'entretien professionnel annuel d'évaluation (notation supprimée depuis le 2 janvier 2015). Le cadre manage les équipes, propose des adaptations ; il a, au niveau managérial, un rôle de pilote, d'animateur, il délègue, contrôle, motive, etc.

– **Au niveau financier/budgétaire :** l'élu participe au débat d'orientation budgétaire, il arbitre et vote le budget, le compte administratif, le compte de gestion, il définit la politique tarifaire. Le cadre réalise le montage du budget, il organise la préparation du budget, il exécute le budget, il établit des tableaux de bord prévisionnels et de suivi, il assure le dialogue et le contrôle de gestion.

– **Au niveau de l'organisation des services :** l'élu adopte l'organigramme, décide de la mise en œuvre d'un projet managérial stratégique. Le cadre manage ses services, rédige les fiches de poste, organise la délégation, propose des évolutions organisationnelles, des redéploiements, des mutualisations, définit le projet de service, élabore le bilan d'activité.

– **Au niveau de la prospective :** l'élu observe les changements de société, relève les expérimentations d'autres élus. Le cadre a un rôle d'information, d'alerte, il suit les évolutions réglementaires, il propose et accompagne les changements, il réalise des études de « *benchmarking* », il communique sur les évolutions grâce aux réseaux professionnels, à la formation.

14. Vous constatez qu'un de vos collaborateurs est en état d'ébriété, comment réagissez-vous ?

■ Pour rappel, aucune boisson alcoolisée autre que le vin, la bière, le cidre et le poiré n'est autorisée sur le lieu de travail (Code du travail). Mais une collectivité peut interdire toute introduction d'alcool, si l'intérêt du service le justifie. Le règlement intérieur doit alors le prévoir.

■ Vous vous devez d'agir, en tant qu'encadrant, dès que vous constatez une situation de cette nature, sur le lieu de travail. En effet, quand un agent se trouve dans cet état, cela peut avoir des conséquences sur :

- sa sécurité et celle de ses collègues, un accident pouvant vite survenir ;
- sur le climat interne, car l'agent ne sera pas aussi efficace que d'habitude d'où une surcharge de travail pour les collègues, une mésentente au sein de l'équipe, des violences verbales et/ou physiques potentielles, etc.

■ Il est donc nécessaire de prendre rapidement certaines dispositions pour ne pas laisser perdurer cette situation.

■ Immédiatement, vous retirez l'agent de son poste afin de le protéger tant vis-à-vis de lui-même que de ses collègues et vous emmenez l'agent dans votre bureau. Vous faites venir le conseiller de prévention afin de vous assister.

■ Vous expliquez à l'agent, avec bienveillance, que vous constatez un comportement anormal et vous lui faites part de votre inquiétude. Vous prévenez l'agent que vous allez demander au conseiller de prévention de pratiquer un dépistage du taux d'alcoolémie (éthylotest) – ce dépistage doit être prévu par le règlement intérieur validé par le CT et le CHSCT.

■ Vous lui expliquez que son état le met ponctuellement et temporairement dans l'incapacité d'exercer sa fonction. Par là-même, vous vous devez de prendre des mesures conservatoires de retrait du poste et d'accompagnement adapté. Car, à défaut, c'est votre responsabilité et celle de la collectivité qui pourrait être engagée si un accident venait à se produire. Vous précisez également que son état, dans la mesure où l'agent ne peut accomplir correctement ses fonctions, constitue une faute, susceptible de faire l'objet d'une sanction.

■ Cet échange participe à la prise de conscience de l'agent de sa situation. Cet échange permet également de vérifier s'il s'agit d'une situation exceptionnelle – c'est la première fois et cela ne se reproduira plus – ou s'il s'agit plus profondément d'une addiction. Comme vous n'êtes pas médecin, vous n'êtes pas habilité à établir un diagnostic. Aussi, vous prévenez votre supérieur hiérarchique de la situation et demandez à celui-ci de contacter le médecin du travail, ou un médecin agréé, voire le cas échéant, les secours, selon l'état de l'agent.

■ En aucune manière, vous ne laissez l'agent seul ou le reconduisez chez lui sans avis médical, car en cas d'accident de trajet, votre responsabilité pénale serait engagée.

■ Toutefois, si l'état de l'agent le permet, vous pouvez le faire faire raccompagner à son domicile, mais à condition qu'une personne puisse le prendre en charge à son arrivée.

■ Vous devez consigner par écrit l'ensemble des faits, la procédure adoptée et faites signer ce rapport, dans la mesure du possible par un témoin et par l'agent.

■ Par la suite, si cette situation se reproduit et met en évidence une addiction, vous devez, en lien avec la direction des ressources humaines, mettre en place une démarche de prévention. En effet, la collectivité doit protéger la santé et la sécurité des agents placés sous son autorité ; elle doit travailler en concertation avec la médecine professionnelle et préventive. Ainsi, autant que possible, l'agent pourra travailler sur un poste aménagé. En contrepartie, l'agent devra suivre les recommandations du médecin : se faire aider par des structures compétentes, médecin, psychologue, association d'anciens alcooliques, etc. L'agent doit alors comprendre que son état est une maladie qui nécessite des soins.

15. Que faites-vous si vous surprenez un agent en train de parier en ligne sur son temps de travail ?

■ Un agent ne doit pas mélanger vie professionnelle avec vie personnelle. Les jeux d'argent en ligne peuvent occulter l'occupation principale d'une personne sur son lieu de travail. Votre attitude sera différente selon que c'est la première fois ou que vous avez, déjà à plusieurs reprises, été amené à surprendre cet agent dans cette situation.

■ Vous convoquez l'agent et lui rappeler qu'il a des obligations statutaires, notamment celle d'accomplir la mission pour laquelle il perçoit une rémunération. Certes, il peut aller sur Internet, à des fins personnelles et privées, ceci est toléré, mais dans des proportions raisonnables, mesurées. Et, si cela n'est pas en lien avec le cadre professionnel, il vaut mieux qu'il aille sur Internet en dehors du temps de travail, par exemple sur le temps de la pause déjeuner.

■ Vous pouvez également échanger avec votre collaborateur sur la vigilance à avoir sur les jeux en ligne, pouvant générer une véritable addiction. C'est une activité à risque.

■ Vous mettez en évidence que vous attachez plus d'importance au temps passé par cet agent sur l'ordinateur pour ses besoins personnels, sur le temps de travail, qu'à la nature des sites visités – sauf si ces sites sont illégaux.

■ Vous rappelez également à l'agent que l'emploi abusif de la connexion Internet à des fins personnelles peut justifier une **sanction disciplinaire**.

■ Si ce n'est pas la première fois que vous faites ce constat, et que vous avez déjà convoqué l'agent sur ce sujet, vous faites un rapport et prévenez l'agent que vous allez engager une procédure disciplinaire et donc qu'il sera convoqué à un entretien préalable à sanction.

■ Il plus que recommandé, comme cela existe dans la plupart des collectivités, d'établir d'abord, en lien avec le service informatique, une charte Internet qui fixe notamment les règles d'utilisation et les conditions de contrôle. Il est aussi conseillé de mettre en place des dispositifs de surveillance – logiciels spécifiques – et de contrôle de l'usage d'Internet sur le temps de travail. Les agents doivent être informés au préalable, notamment sur la finalité de la mise en place de tels logiciels.

16. Un de vos collaborateurs refuse de se former, que faites-vous en tant que chef de service ?

■ Il y a plusieurs cas de figure à envisager, car la formation, tout en étant un droit, peut aussi être une obligation. Sachant **qu'en premier lieu**, le chef de service **doit** toujours entamer un dialogue avec le collaborateur afin de **comprendre ce qui motive** son refus.

■ Cas de figure d'un **refus de formation obligatoire** :

– S'il s'agit d'une **formation d'intégration**, qui conditionne la titularisation, il importe de rappeler à l'agent que son refus de suivre cette formation l'empêchera d'être titularisé. Il y va de son intérêt de suivre cette formation…

– S'il s'agit d'une **formation de professionnalisation**, dispensée tout au long de la carrière et à l'occasion de l'affectation dans un poste à responsabilité, qui conditionne l'accès à un nouveau cadre d'emplois par **le biais de la promotion interne**, il importe de rappeler à l'agent que son refus de suivre cette formation l'empêchera d'être promu par la voie interne. Il y va de son intérêt de suivre cette formation…

Ces situations sont extrêmement rares, et les agents reviennent très rapidement sur leur posture initiale de refus. Les refus portent surtout sur les autres formations tout au long de la vie, c'est-à-dire les **formations facultatives**.

■ Cas de figure d'un **refus de formation facultative** : il s'agit des formations de perfectionnement en cours de carrière à la demande de l'employeur, des formations de préparation aux concours et examens professionnels, des actions de lutte contre l'illettrisme et pour l'apprentissage de la langue française.

Le rôle du chef de service est alors de convaincre l'agent de l'intérêt, des bénéfices, des avantages, des apports d'une action de formation. Il peut ainsi mettre en avant **les arguments suivants** :

– l'enrichissement et le développement de la personne, tant sur le plan personnel que professionnel ;

– la mise à jour, le développement et la valorisation des compétences et savoir-faire ; et donc un support de motivation ;

– l'aide à la construction du projet professionnel et au déroulement de carrière ;

– l'occasion d'échanger sur les pratiques professionnelles avec des formateurs, avec des collègues d'autres collectivités.

■ Il importe aussi que le chef de service rappelle que le collaborateur est contributeur du service public et donc promoteur des grands principes du service public, notamment celui de l'adaptabilité ; la formation contribue à cette adaptabilité.

17. Un agent de votre service a été frappé par un usager sur son temps de service, que faites-vous ?

■ L'agent a été victime d'une agression physique. Si cette agression est en lien avec ses fonctions, cette attaque doit être couverte par l'administration ; l'administration se doit de protéger ses agents contre toutes les formes de violences, qu'elles soient physiques, morales, verbales ou écrites, etc. C'est ce qu'on dénomme **la protection fonctionnelle**, en application de **l'article 11 de la loi du 13 juillet 1983** portant droits et obligations des fonctionnaires. Cette protection peut aller, le cas échéant, jusqu'à la réparation des préjudices subis.

■ L'agent va formuler auprès de l'autorité territoriale, chef du personnel, une **demande écrite de protection fonctionnelle**. L'agent doit apporter la preuve des faits au titre desquels il demande la protection fonctionnelle. Un lien entre les fonctions exercées par l'agent et les attaques dont il fait l'objet est nécessaire pour déclencher cette protection fonctionnelle par l'administration, par exemple si un policier municipal est frappé lorsqu'il effectue une patrouille. L'agent peut choisir l'avocat de son choix.

■ L'administration va d'abord vérifier qu'il n'y a pas de faute personnelle de l'agent qui aurait été le fait générateur de cette agression physique, et que les faits qui justifient la demande de l'agent relèvent bien du cadre légal.

L'administration va ensuite pouvoir intervenir de différentes manières :

– une **assistance juridique** de l'agent tout au long de la procédure, sans se substituer à l'agent qui reste maître de sa stratégie de défense, en liaison avec son défenseur ;

– une **prise en charge** de tout ou partie des **frais de justice** sous forme d'avance ou de remboursement (honoraires d'avocat, frais d'huissier, d'expertise, déplacements de l'agent et de son avocat dans le cadre de la procédure, etc.) ;

– des **autorisations d'absence** permettant à l'agent de se rendre aux différents rendez-vous exigés par la procédure de justice.

■ En cas de refus, l'administration doit en informer explicitement l'agent. Le refus doit être motivé et indiquer les voies et délais de recours.

■ Il est à préciser que cette procédure vaut également de la même manière si l'agent est victime d'une agression physique, en dehors du service, dès lors que celle-ci est liée aux fonctions ou à sa qualité d'agent public.

18. Deux agents de votre service viennent de se battre, sachant que vous n'avez pas été témoin de cette situation, que faites-vous ?

■ Deux **actions essentielles** sont à effectuer immédiatement :

– **Vérifiez si un des agents concerné est blessé** : dans ce cas, il s'agit d'un accident du travail. Il est alors obligatoire de faire accompagner cet agent soit chez le médecin du travail, soit chez son médecin traitant, voire aux urgences afin qu'il puisse recevoir les soins appropriés et afin d'établir une déclaration d'accident du travail. Sur le temps de travail, vous êtes responsable de la sécurité et de la santé de vos collaborateurs ; aussi, vous ne devez pas le laisser quitter seul la collectivité, pour se rendre chez le médecin ; un accident pourrait survenir sur le trajet et votre responsabilité pourrait être mise en jeu.

– Si aucun agent n'est blessé, **faites immédiatement venir dans votre bureau** les deux **agents concernés ensemble**. Vous allez d'abord en quelques minutes leur expliquer, qu'en tant qu'agent du service public, un tel comportement est inadmissible, il porte atteint à l'ordre public et qu'en aucune manière un tel trouble ne saurait se reproduire, surtout s'il s'est produit devant des usagers. Une bagarre constitue une faute et peut entraîner une sanction. Puis vous allez **entendre séparément** chacun des deux agents afin d'avoir leur version des faits. Vous allez consigner leurs propos par écrit, dans la perspective d'établir un rapport le plus circonstancié possible.

■ Ensuite, **effectuez des recherches pour savoir ce qui s'est réellement passé**. Il est important de ne pas agir dans la précipitation, de rechercher ce qui s'est exactement passé et de réunir les preuves nécessaires pour constituer un rapport exhaustif, avec des faits tangibles à opposer aux deux agents concernés.

Vous devez absolument déterminer quel est l'agent qui a déclenché la bagarre, et donc vous devez rechercher des témoins. Les autres agents peuvent être réticents à l'idée de témoigner contre leurs collègues. Cependant, les faits sont graves et il faut, le cas échéant, vous montrer persuasif. Mettez en avant l'intérêt du service, de la collectivité, de son image et le fait que ce type de comportement nuit à l'ensemble des agents, à leur sécurité, mais aussi à celle des usagers. Il est nécessaire de faire rédiger des attestations par écrit, ce qui évitera que certains agents témoignent finalement dans le sens contraire devant les forces de police, si dépôt de plainte, ou devant le juge administratif, pour défendre leur collègue.

■ **Constituez ensuite le dossier disciplinaire.** En effet, vous vous devez de proposer à l'autorité territoriale une sanction disciplinaire, car ne pas le faire c'est, d'une part, autoriser une récidive et, d'autre part, ne pas faire preuve d'autorité managériale. Vous laissez ainsi penser aux autres salariés que des incidents de cette sorte peuvent être répétés sans crainte, sans effet.

Si un des agents a été blessé au cours de la bagarre, mettez dans le dossier, à l'appui du rapport que vous avez établi, la copie de l'éventuel arrêt de travail, car au vu de sa durée, ceci sera un élément permettant d'apprécier la gravité des faits.

La sanction doit être proportionnelle à la faute commise. Vous pouvez vous appuyer sur plusieurs éléments pour apprécier la gravité des faits, par exemple :

– les conséquences de la faute commise : arrêt de travail, désorganisation du service, etc. ;

– les causes de la bagarre (professionnelles, extraprofessionnelles) ;

– l'attitude des agents après la bagarre : regrets exprimés, sentiment de remords, défiance accentuée, etc.

■ **Enclenchez la procédure disciplinaire, en lien étroit avec la DRH** : convocation à un entretien préalable, par lettre recommandée avec accusé de réception (LRAR), en y joignant le rapport. Aucun délai minimum n'est prévu par la loi entre la date de la convocation et celle de l'entretien. Toutefois, il importe de laisser un délai raisonnable aux deux agents, par exemple 8 jours, pour prendre connaissance du dossier et organiser leur défense.

Une fois l'entretien mené, il vous appartient, en lien avec la DRH, de juger du choix de la sanction la mieux adaptée qui sera proposée à l'autorité territoriale, puis notifiée aux agents. Vous pouvez opter pour un simple avertissement, mais aussi un blâme, ou une exclusion de 3 jours par exemple. En fonction des faits, vous devez « marquer le coup », **lancer un signal** fort vis-à-vis des intéressés, mais aussi des autres agents…

Vous pouvez décider de **sanctionner différemment les deux agents**, mais cette différenciation doit être suffisamment justifiée pour ne pas être considérée comme une discrimination.

19. Pouvez-vous expliquer comment se passe une procédure disciplinaire pour une sanction du 1er groupe ?

■ Une procédure disciplinaire est la conséquence d'une faute commise par un agent. Les principes du régime disciplinaire des fonctionnaires territoriaux sont posés par la loi du 13 juillet 1983 portant droits et obligations des fonctionnaires. Toute faute commise par le fonctionnaire dans l'exercice ou à l'occasion de l'exercice de ses fonctions l'expose à une sanction disciplinaire sans préjudice, le cas échéant, des peines prévues par la loi pénale.

■ Le pouvoir disciplinaire appartient à l'autorité territoriale, sachant que pour les sanctions du premier groupe, le conseil de discipline n'est pas préalablement consulté.

■ Dans la mesure où la procédure disciplinaire est enclenchée, cela implique aussi que la faute reprochée à l'agent est matériellement exacte, a été prouvée (rédaction d'un rapport, avec le cas échéant des pièces annexées et numérotées). Ce rapport a été transmis avec la lettre de convocation, envoyée en recommandé avec AR, qui informe l'agent de la mise en place d'une procédure pouvant aboutir à une sanction. Cette lettre doit mentionner les éléments suivants :

- l'indication succincte des faits reprochés ;
- la volonté de prononcer une sanction disciplinaire ;
- la faculté pour le fonctionnaire de prendre connaissance de son dossier individuel au service RH de la collectivité en précisant les modalités (prise de rendez-vous, horaires particuliers) ;
- la possibilité pour l'agent de se faire assister par le ou les conseil(s) de son choix.

L'intéressé doit disposer d'un délai suffisant pour prendre connaissance de son dossier et organiser sa défense (par exemple, 8 jours).

■ **L'entretien préalable**

Vu l'importance du respect des droits de la défense et son caractère contradictoire, il est très vivement recommandé de convoquer l'agent concerné à un entretien préalable à toute possible sanction. L'entretien comporte la communication du dossier individuel de l'agent ; les faits reprochés vont lui être exposés de façon détaillée. L'agent va présenter ensuite ses arguments et observations. L'entretien est une **phase contradictoire de la procédure** qui **ne débouche pas sur une décision définitive**. Il faut que l'autorité territoriale se laisse un délai de réflexion de quelques jours avant de prendre sa décision. Il est très fortement recommandé d'établir un procès-verbal de ce qui a été dit lors de l'entretien par les deux parties et de le faire signer rapidement par les personnes présentes à l'entretien.

■ **Les suites de l'entretien**

Soit l'autorité territoriale renonce à infliger une sanction disciplinaire et arrête en conséquence la procédure ; soit l'autorité territoriale décide d'infliger une sanction disciplinaire, et dans ce cas, elle prononce directement la sanction par voie d'arrêté, notifié à l'agent.

Les questions pour la catégorie A

Questions corrigées

1. Qu'est-ce qu'un projet d'administration ?

■ Le projet d'administration, c'est le **projet politique de la collectivité**.

■ C'est la feuille de route, généralement sur la mandature de six ans – dans une collectivité territoriale – qui expose les objectifs de la collectivité, les orientations, les engagements pris par la majorité politique, à l'occasion de l'échéance démocratique de mars 2014.

■ C'est un **outil de cohésion**. Le projet d'administration 2014-2020 va fédérer les élus autour des décisions du conseil municipal.

■ C'est le support écrit qui expose aussi la **vocation**, les **valeurs** et les **ambitions** qui rassemblent la majorité politique et s'inscrit ou bien se démarque dans les réalisations et les enseignements du projet d'administration de la mandature précédente.

■ C'est un **outil de pilotage pour le quotidien et le futur**.

■ Le projet d'administration expose les objectifs politiques généraux définis par l'équipe politique.
Il va donc être complété par des **projets de direction/projet de service** qui vont détailler ces objectifs et les traduire en objectifs et actions concrets, tant en ce qui concerne les objectifs permanents que les objectifs ponctuels limités dans le temps.

■ Le projet d'administration s'inscrit dans la démarche plus globale de **management par objectifs**.

■ Le projet d'administration est un outil évolutif. Élaboré pour la mandature 2014-2020, le projet d'administration et, par voie de conséquence, les projets de direction/de service qui le complètent, est actualisé, ajusté, régulièrement, pour tenir compte des évolutions de l'environnement local et territorial, des contraintes financières et budgétaires, des nouvelles décisions des élus.

■ **Le projet d'administration est donc la première échelle stratégique de lecture décrivant l'ambition politique, le projet de direction/de service va en constituer le deuxième niveau de lecture.**

2. Qu'est-ce qu'un projet de direction/de service ?

- C'est la deuxième échelle de lecture de l'ambition politique, qui découle du projet d'administration.

- Le projet de service est un **outil essentiel au pilotage administratif**. Il détaille les objectifs du projet d'administration concernant le service, ajoute d'autres objectifs, décrit l'offre de service, précise les indicateurs qui permettront de comparer objectifs et résultats. C'est la mise en œuvre du programme politique, dans chaque secteur.

- C'est un cadre fédérateur, tourné vers l'avenir ; c'est une référence permanente et globale, exprimant une volonté collective forte et précise, déterminant des principes d'actions.

- C'est une démarche de **mise en mouvement opérationnelle de l'ensemble du service**. C'est pour cela qu'il requiert la participation de tous.

- C'est un référentiel partagé d'objectifs et de valeurs. C'est un document d'orientation, de stratégie qui permet à toute l'équipe, en le construisant, avec la hiérarchie directe, d'évaluer le travail, de réfléchir aux fondamentaux du métier, de se projeter dans l'avenir, et de permettre aux élus de statuer en toute connaissance de cause.

- **Les objectifs d'un projet de direction/service :**
  - mobiliser les équipes ;
  - développer une plus grande cohésion au sein de l'équipe et des services ;
  - développer un management responsabilisant ;
  - développer un esprit d'initiative ;
  - fédérer les énergies ;
  - conduire l'action dans une direction commune largement partagée et acceptée ;
  - améliorer l'efficience des collaborateurs, des agents ;
  - rendre les actions plus lisibles ;
  - donner du sens aux salariés.

- C'est un **document d'orientation stratégique** qui contient les éléments suivants : les principales missions du service, les effectifs nominatifs, l'organigramme hiérarchique nominatif détaillé, les fiches de poste, les procédures structurantes du service, les outils de suivi administratif et budgétaire, les prestations proposées, les actions réalisées – sous forme de fiches actions –, les partenariats développés, les moyens dédiés, la stratégie managériale, etc. À partir de cet état des lieux, il s'agit ensuite de pointer les manques pour remplir les missions courantes, atteindre les objectifs qui avaient été fixés précédemment, en fixer de nouveaux ou les actualiser, d'évaluer les moyens matériels et humains nécessaires pour les atteindre et les budgets de fonctionnement et d'investissement nécessaires pour les trois ou cinq prochaines années.

- Un projet de service comporte **cinq caractéristiques** :
  - un document écrit ;
  - un texte dynamique, concis, tout en étant dense ;
  - un pacte de participation ;
  - un message de service ;
  - un projet mobilisateur.

3. Qu'est-ce que le contrôle de gestion ?

■ Le contrôle de gestion est une **composante managériale** permettant le pilotage des services, en les orientant vers leur performance, et la restitution des éléments d'appréciation des coûts, des activités et des résultats pour améliorer le rapport entre les moyens engagés et l'activité ou les résultats. Il s'inscrit dans le cadre d'un meilleur pilotage opérationnel des politiques publiques.

■ C'est une démarche de **pilotage de la performance** permettant de renforcer l'autonomie et la responsabilité des gestionnaires publics, qui s'engagent sur des résultats au regard d'objectifs et de moyens clairement définis au préalable, et répondant à l'exigence accrue d'efficacité des résultats (par rapport aux objectifs assignés) et d'efficience des moyens engagés pour la réalisation de l'action publique.

■ Il s'agit donc de maîtriser à la fois :
- l'atteinte des objectifs de performance, avec entre autres, la tenue de tableaux de bord de pilotage ;
- le bon rapport entre les coûts et l'activité déployée ainsi que les résultats, notamment par le dialogue de gestion et l'analyse comparative.

■ Le contrôle de gestion permet donc d'assurer tout à la fois le pilotage des services sur la base d'objectifs et d'engagements de services et la connaissance des coûts, des activités et des résultats.

■ Le contrôle de gestion renforce la cohésion du groupe, les sentiments de reconnaissance et d'appartenance de chaque collaborateur.

■ Le contrôle de gestion vise à améliorer le rapport entre les moyens engagés et les résultats, notamment en préparant le dialogue de gestion sur des bases objectives et en développant les outils nécessaires au pilotage de la performance.

■ Le contrôle de gestion contribue à une meilleure transparence et lisibilité de l'action publique.

4. Quelle est l'utilité d'une charte du management ?

■ Une charte du management est un document qui formalise des **valeurs** ainsi que des **bonnes pratiques managériales**. C'est donc un cadre général de management qui répond aux objectifs et exigences de la collectivité et qui doit faciliter le travail individuel et en équipe.

■ C'est une feuille de route permettant de faire évoluer les comportements pour mettre le bien-être des agents au cœur des actions de la collectivité.

■ Une charte du management doit permettre aux encadrants de mieux orienter leurs pratiques managériales et à l'ensemble des agents de s'appuyer sur des principes relationnels écrits et partagés.

■ Les valeurs déclarées vont donc constituer le système de référence sur lequel vont s'appuyer les comportements et l'action publique de la collectivité. Voici quelques **exemples de valeurs** :
- équité ;
- intégrité et loyauté ;
- respect ;
- sens des responsabilités ;
- solidarité et esprit d'équipe ;
- transparence ;
- sens de l'innovation.

■ Voici quelques exemples de **bonnes pratiques managériales** :
- fixer des objectifs ;
- déléguer et contrôler ;
- initier, conduire et accompagner le changement ;
- reconnaître le travail des collaborateurs ;
- donner du sens à l'action ;
- développer la transversalité ;
- développer la communication et les échanges ;
- permettre l'émergence et l'expression d'idées originales ;
- faciliter le développement des compétences des collaborateurs ;
- savoir réagir aux comportements difficiles.

5. Quels sont les avantages et les risques d'un management en transversalité ?

■ Le management transversal est une façon de voir la collectivité, de manière horizontale, c'est-à-dire au-delà des fonctions de management hiérarchiques (et donc verticales) classiques. Ce management va conduire à travailler principalement en mode projet.

■ Les **avantages** :

– favoriser le décloisonnement, en associant les métiers, les compétences, ainsi que les ressources nécessaires autour d'une finalité partagée ;

– mieux partager l'information, les connaissances et donc la garantie d'une meilleure capacité d'action et de résultat ; une meilleure circulation, exploitation et gestion de l'information ;

– développer la capacité à travailler ensemble et la prise d'initiative ;

– accroître l'implication et la motivation des collaborateurs.

■ Les **risques** :

– se trouver confronté à une perte de repère dans la prise de décision, dans le « à qui rendre compte ? » ou « qui fait quoi ? » ;

– être confronté à la difficulté de maintenir durablement l'engagement des collaborateurs ;

– voir se développer l'individualisme et l'esprit de compétitivité ;

– ne pas omettre de donner régulièrement du feed-back et donc de communiquer en retour sur les points d'avancement afin de maintenir le lien ;

– être confronté à la difficulté, pour le chef de projet, d'asseoir sa légitimité.

6. Que savez-vous du management par objectifs ?

- Le management par objectifs fédère l'administration autour d'objectifs partagés, de plans d'actions adaptés **(projets de direction/projets de service)** et d'une évaluation régulière des résultats permettant une amélioration continue de la performance.

- Le management par objectifs est donc fondé sur **trois piliers** :

  – **la formalisation des objectifs opérationnels** qui traduisent de façon concrète les ambitions de la collectivité ; cette démarche permet aux agents concernés de partager une même ambition et de la concrétiser avec des objectifs clairs et mesurables ;

  – **l'élaboration et le pilotage des plans d'actions** qui permettront d'atteindre ces objectifs ; cette démarche permet aux agents concernés de se doter des outils qui leur donneront les meilleures chances d'atteindre les objectifs fixés : adaptation des organisations humaines, instances de pilotage, répartition des rôles, processus et circuits de traitement, outils informatiques, etc. ;

  – **le suivi des résultats et la mesure des écarts** par rapports aux objectifs (indicateurs de suivi) ; cette démarche permet de s'assurer que les objectifs sont atteints et, en cas d'écart, elle permet d'initier les mesures correctives nécessaires lors des revues périodiques de direction et de projet.

7. En quoi l'encadrant est-il un acteur de la sécurité et de la santé de ses collaborateurs ?

■ Pour rappel, dans la fonction publique, une obligation générale de sécurité incombe à l'employeur **(décret du 10 juin 1985)**. L'autorité territoriale est chargée de veiller à la sécurité et à la protection de la santé des agents placés sous son autorité.

■ À côté des acteurs de la santé et de la sécurité au travail (agents de conseil, agents de contrôle, médecins de prévention), tout cadre a un rôle **déterminant** dans le domaine de la santé et de la sécurité vis-à-vis de ses collaborateurs. Il doit **prendre soin de la santé et de la sécurité des agents qu'il encadre.**

■ Ainsi, l'encadrant doit veiller à ce que soient mises en place des procédures permettant la diffusion des informations pertinentes sur la sécurité au travail (ex. : règlement intérieur, consignes particulières au poste de travail). Il doit, si nécessaire, redéfinir les tâches et l'organisation du travail. Il doit veiller au port, par les agents concernés, des vêtements de travail et d'équipements de protection individuelle adaptés à l'activité.

■ Le respect des règles de sécurité est une priorité absolue dont la violation, faite sciemment ou par négligence, peut aboutir à une sanction pénale forte, conformément à l'**article 121-3 du Code pénal** : « les personnes physiques qui n'ont pas causé directement le dommage, mais qui ont créé ou contribué à créer la situation qui a permis la réalisation du dommage ou qui n'ont pas pris les mesures permettant de l'éviter, sont responsables pénalement s'il est établi qu'elles ont, soit violé de façon manifestement délibérée une obligation particulière de prudence ou de sécurité prévue par la loi ».

De même, le fait de causer à autrui, par maladresse, imprudence, inattention, négligence ou manquement à une obligation, de sécurité ou de prudence imposée par la loi ou le règlement, une incapacité totale de travail pendant plus de trois mois, est puni de deux ans d'emprisonnement et de 30 000 euros d'amende. Et en cas de violation manifestement délibérée d'une obligation particulière de sécurité ou de prudence imposée par la loi ou le règlement, les peines encourues sont portées à trois ans d'emprisonnement et à 45 000 euros d'amende, conformément à l'article 222-19 du Code pénal.

■ Le **22 octobre 2013, un protocole d'accord-cadre relatif à la prévention des risques psychosociaux (RPS)** a été signé, pour les trois fonctions publiques : réalisation d'un diagnostic des facteurs de risques psychosociaux, sur la base d'une démarche participative des agents à chaque étape du processus, diagnostic intégré dans des documents uniques d'évaluation des risques professionnels (DUERP) permettant l'élaboration d'un **plan d'action de prévention des risques psychosociaux en 2015. La définition et la mise en œuvre de ces plans d'action relèvent de la responsabilité des chefs de service.**

8. Qu'est-ce que le management situationnel ?

■ C'est la capacité à adapter son style de management prédominant ou préférentiel, aux situations, aux circonstances, aux compétences, aux besoins, au degré d'autonomie des collaborateurs, afin de rentabiliser au mieux l'énergie dépensée et maximiser le résultat obtenu.

■ L'encadrant doit adapter sa gestion, sa posture managériale, à chacun de ses collaborateurs, en fonction de chaque mission. Il n'y a pas un style de management unique, mais des styles adaptés à diverses situations.

■ Ceci implique une grande flexibilité comportementale et donc de jouer sur plusieurs registres : comportement directif, comportement persuasif/explicatif, comportement participatif, comportement délégatif.

9. Quand on parle d'efficience du service public, qu'est-ce que cela signifie pour vous ?

- C'est la recherche de la **performance organisationnelle**, entendue comme **l'optimisation des services rendus aux citoyens**.
- C'est aussi développer une culture partagée du résultat.
- Pour ce faire, cela implique de mettre en place de nouvelles conditions de travail :
  – un management, un pilotage par objectifs et par engagements de services ;
  – la promotion de la transversalité au sein de la collectivité : le partage du savoir, la mise à disposition d'outils collaboratifs, la création de missions transversales sur des politiques données, avec des périmètres de responsabilité bien définis ;
  – la construction d'un dialogue de gestion, autour d'une démarche visant à améliorer l'efficience de chaque direction, et donc optimiser l'utilisation des deniers publics, en calibrant au mieux les moyens alloués aux objectifs ;
  – une pratique systématique d'évaluation des politiques menées, des engagements fixés, à partir d'indicateurs quantitatifs et qualitatifs pertinents, aboutissant à une connaissance affinée des coûts ;
  – la mise en avant de pistes de progrès par l'identification de nouveaux chantiers d'optimisation.
- C'est donc le rapport efficacité/coût ou le rapport utilité/coût.

10. Que savez-vous des risques psychosociaux (RPS) ?

■ Les risques psychosociaux (RPS) recouvrent les risques professionnels d'origine et de nature variées, qui mettent en jeu l'intégrité physique et la santé mentale des agents et ont, par conséquent, un impact sur le bon fonctionnement de la collectivité. On les appelle psychosociaux car ils sont à l'interface de l'individu (le psycho) et de sa situation de travail.

■ Les RPS peuvent se manifester sous diverses formes : stress au travail, sentiment de mal-être, souffrance au travail, incivilités, agressions physiques ou verbales, violences, etc.

■ **Dans les collectivités, en neuf ans, les arrêts maladie ont progressé de 40 % et 8 % des frais de personnels sont dus à l'absentéisme et les arrêts pour maladie professionnelle liés au stress et aux troubles musculo-squelettiques ont fortement augmenté.**

■ **D'où l'accord-cadre du 22 octobre 2013** relatif à la prévention des RPS dans la fonction publique qui oblige chaque employeur public à élaborer un plan d'évaluation et de prévention des RPS pour 2015. Ces plans d'action vont reposer sur une phase de diagnostic associant les agents et devront intégrer les DUERP.

Une circulaire du Premier ministre du 20 mars 2014 a fixé les conditions de mise en œuvre du plan national d'action pour la prévention des risques psychosociaux dans les trois versants de la fonction publique.

■ Suite à l'étude menée par la *Gazette*, associée au cabinet Pragma, **en 2015**, certes 84 % des agents interrogés se déclarent globalement satisfaits de travailler dans la fonction publique territoriale. Toutefois par rapport à 2014, on enregistre une baisse de 6 points parmi les personnels de catégorie A travaillant dans une collectivité. Pour **58 % des agents, leur niveau de bien-être au travail s'est dégradé au cours des douze derniers mois**, soit une baisse de 8 points par rapport à 2014.

On continue de constater un réel effritement de la qualité des relations de travail avec la hiérarchie et les élus : 54 % des agents ne sont pas satisfaits des relations avec leur hiérarchie et 61 % ne sont pas satisfaits de leurs relations avec les élus. 68 % des agents n'ont pas confiance dans les perspectives professionnelles dans la fonction publique territoriale. Pour 62 % des agents, toutes catégories confondues, l'action à prioriser dans leur collectivité, sur 2015-2016, est d'assurer la qualité de vie au travail.

■ D'où également un projet d'**accord-cadre sur la qualité de vie au travail dans la fonction publique** en cours de discussion entre le ministère de la Fonction publique et les organisations syndicales.

■ Il est prévu **en 2016** un **bilan global des actions mises en œuvre** dans la fonction publique territoriale pour prévenir les RPS.

11. Que savez-vous de l'accord-cadre sur la qualité de vie au travail dans la fonction publique ?

■ Ce projet d'accord-cadre entend d'abord définir la notion de qualité de vie au travail : « elle renvoie à des éléments multiples, qui touchent les agents individuellement comme collectivement et permettent, à travers le choix des modalités de mise en œuvre de l'organisation du travail, de concilier la qualité des conditions de vie et de travail des agents et la qualité du service public. L'amélioration de la qualité de vie au travail est une démarche qui regroupe toutes les actions permettant d'assurer cette conciliation. Il s'agit d'un processus social concerté permettant d'agir sur le travail (contenu, organisation, conditions, contexte) à des fins de développement des personnes et des services ».

■ L'accord-cadre devrait consacrer plusieurs droits :

- la reconnaissance de l'agent comme acteur de l'organisation de son travail ;
- le droit d'expression directe des agents sur le contenu et l'organisation de leur travail ;
- le droit au respect de la séparation entre vie personnelle et vie professionnelle ;
- le droit à la déconnexion de tout moyen de communication et d'information en dehors des heures de service ;
- le droit de recours en cas de refus de l'autorisation d'exercer en télétravail.

■ La mise en œuvre de ces droits va être accompagnée d'un renforcement des compétences des comités techniques, en lien et en complémentarité avec les CHSCT.

■ Cet accord-cadre, qui devait être signé à l'automne 2015, est toujours en cours de discussion entre le ministère de la Fonction publique et les organisations syndicales.

12. Jusqu'où peut-on aller dans la rationalisation des effectifs ?

■ Les charges de personnel ont grimpé de 4 % en 2014, dans les collectivités territoriales. Or, dans le cadre du programme d'économies de 50 milliards d'euros, l'État réduit la DGF allouée aux collectivités : en 2013 et 2014, elle a diminué de 1,5 milliard par an, et elle doit encore refluer de 11 milliards entre 2015 et 2017.

■ Les collectivités territoriales doivent prendre leur part aux efforts de redressement des comptes publics entrepris dans le cadre des engagements européens de la France.

■ Face à cette situation, la montée en puissance de l'intercommunalité doit permettre de développer les démarches de mutualisation des services, et donc optimiser la masse salariale, avec notamment la diminution des effectifs communaux. La maîtrise des finances locales appelle nécessairement un effort important de rationalisation administrative et financière du bloc communal, afin d'éliminer les doublons.

■ Cela amène également les élus à se réinterroger sur le sens des politiques publiques, sur les actions à prioriser, au regard des missions de service public et des objectifs hiérarchisés. Cela passe par l'optimisation des compétences des agents.

■ Il s'agit de développer et d'utiliser au mieux les compétences des agents, tout en anticipant les besoins futurs, dans le cadre d'une démarche de GPEEC.

■ Rationaliser les effectifs est donc positif en termes de gouvernance, sous réserve de ne pas dégrader la qualité du service et les conditions de travail des agents.

■ D'où la nécessité de coupler toute rationalisation des effectifs avec :
- la mise en place d'un management en mode projet ;
- l'élaboration d'un plan prospectif des ressources humaines au regard des choix politiques et du niveau de service que les élus entendent délivrer à la population, portant notamment sur l'évolution des métiers et la formation ;
- la mise à disposition d'outils informatiques performants ;
- l'accompagnement à la conduite du changement.

13. Quelles sont les évolutions législatives récentes en ce qui concerne la notation/évaluation annuelle des agents ?

- L'article 76-1 de la loi n° 84-53 du 26 janvier 1984 modifiée prévoyait, à titre expérimental, la mise en place de l'entretien professionnel dans la fonction publique territoriale, en remplacement de la notation.

- Une circulaire du **4 mars 2013** annonçait la pérennisation de l'entretien professionnel en lieu et place de la notation **à compter de 2015**. Elle invitait les collectivités ayant expérimenté ce dispositif à le poursuivre et incitait celles qui n'y avaient pas pris part à le mettre en place avant sa généralisation en 2015.

- Donc, **depuis le 2 janvier 2015**, la notation est supprimée et l'entretien professionnel annuel d'évaluation est pérennisé en lieu et place de la notation.

14. Comment un encadrant peut-il faire évoluer les compétences d'un collaborateur ?

Voici les axes de proposions qui peuvent être formulés :

- Création d'expériences optimales permettant de renforcer la confiance en soi du collaborateur. L'encadrant va positionner le collaborateur dans une situation de réaliser concrètement une action (animer une réunion, faire un diagnostic de situation, etc.) ; il va évaluer ensuite, dans des délais assez rapides, les points positifs, les points de difficultés rencontrés, car il est important que le collaborateur ait une perception claire et immédiate de sa performance.

- Proposition d'objectifs concrets et mesurables qui vont renforcer progressivement les compétences professionnelles du collaborateur. L'encadrant va élever progressivement le niveau des objectifs afin que ceux-ci s'inscrivent dans une dynamique de challenge, de défi ; ainsi, le collaborateur va développer de plus en plus une certaine assurance et la fierté de pouvoir se dire : « j'ai réussi, je suis parvenu à faire ».

- Mise en place des binômes de compétences complémentaires : un collaborateur opérationnel/un collaborateur analytique.

- Élaboration avec le collaborateur d'un plan d'action de développement des compétences, au travers de formations adaptées.

15. Quels sont pour vous les facteurs de résistance au changement ?

■ La résistance au changement est la **manifestation d'une réticence à modifier ses comportements, ses représentations, ses points de vue, ses modes organisationnels, ses modalités de fonctionnement** pour des raisons autres que ses valeurs personnelles (philosophiques, religieuses, sociales) : refus des nouveautés, des changements des modes de travail, des changements de poste, etc. La résistance au changement est d'une certaine manière inhérente à la nature humaine, le changement étant souvent anxiogène (peur de l'inconnu, de l'incertitude, brouillage des repères).

■ Elle va se manifester par une **absence de prises d'initiatives** innovantes, une **résistance passive ou active aux propositions** des autres, un **refus de modifier son système de pensées et de représentations**, une **certaine inertie comportementale**, des blocages plus ou moins conscients dans la mise en application de certaines modifications, qui vont se solder fréquemment par un échec dans les mois suivants.

■ Cette attitude plus ou moins marquée d'opposition peut avoir plusieurs origines : démotivation, manque de reconnaissance, peur d'une remise en cause des compétences, peur de perdre certains acquis ; un manque de confiance dans les acteurs responsables du changement. Cela peut résulter d'un **manque d'explication claire** quant aux objectifs poursuivis, quant aux enjeux, au sens donné au changement, d'une certaine lassitude par rapport à des solutions toutes faites à la construction desquelles le collaborateur n'aurait en outre pas du tout participé.

■ Il est donc essentiel d'**aider le collaborateur à comprendre le changement et ses causes**, à l'informer sur les objectifs et les enjeux du changement, de l'accompagner, de le soutenir dans le changement, de l'associer dans la construction du changement, selon une temporalité raisonnable et lui mettre en évidence l'intérêt, le bénéfice qu'il a à en retirer.

Il importe de lui **proposer les formations nécessaires** afin de favoriser son évolution personnelle dans le nouveau contexte.

Il importe de **choisir le moment propice** pour le changement ; il importe que le niveau de changement ne soit pas trop grand pour être facilement assimilé par le collaborateur.

16. Un agent a-t-il le droit d'aller sur Internet à des fins personnelles avec l'ordinateur de la collectivité ?

■ Les agents de la fonction publique doivent respecter des obligations déontologiques dont l'essentiel a été fixé par la loi du 13 juillet 1983 relative au statut général des fonctionnaires.

■ Mais les blogs, les réseaux sociaux, l'utilisation d'Internet deviennent de nouveaux canaux d'expression et conduisent à redéfinir l'usage des nouvelles technologies de l'information par le fonctionnaire. La hiérarchie est particulièrement sensible à l'utilisation des ordinateurs professionnels à des fins personnelles.

■ L'autorité territoriale peut fixer des conditions et limites pour réguler l'utilisation d'Internet, dissuader de tout usage abusif : dispositifs de filtrage de sites non autorisés, interdiction de télécharger certains logiciels, de se connecter à un forum, etc. Nombre de collectivités ont adopté des chartes informatiques pour encadrer les usages d'Internet sur le temps de travail.

■ **Surfer est donc toléré dans des proportions raisonnables, équilibrées et proportionnées.**

Un agent, comme tout salarié, a droit à une vie privée sur les lieux du travail, pendant les temps professionnels. Ceci a été consacré par la jurisprudence. Il peut en conséquence communiquer avec ses proches, passer un appel non professionnel, etc. Lui interdire totalement d'utiliser Internet à des fins privées serait une restriction disproportionnée à l'exercice d'un droit.

■ La collectivité doit informer les agents des dispositifs mis en place, des modalités de contrôle de l'utilisation d'Internet, de la durée pendant laquelle les données de connexion sont conservées.

■ De plus, quand la collectivité met en place un dispositif de contrôle individuel des agents pour relever les connexions, les sites visités, poste par poste, le traitement ainsi mis en œuvre doit être déclaré à la CNIL, sauf si un correspondant informatique et libertés a été désigné, auquel cas aucune déclaration n'est nécessaire. Un salarié peut par ailleurs être sanctionné s'il ne se conforme pas à la charte de l'entreprise sur l'utilisation d'Internet au bureau.

■ Aussi, une utilisation abusive peut constituer une faute justifiant une procédure disciplinaire.

17. Un cadre de votre direction ne cesse de critiquer le fonctionnement de cette dernière, comment réagissez-vous ?

■ Les critiques peuvent être synonymes d'une implication et d'un engagement fort d'un collaborateur. Dans certains cas, un collaborateur qui ne se plaint pas et ne s'épanche jamais peut montrer finalement un désintérêt pour la vie de la collectivité.

■ Toutefois, la répétition systématique de jugements négatifs, visant à remettre en question, dénigrer le fonctionnement, doit donner lieu à un recadrage. Il importe de convoquer le collaborateur, au maximum dans les 48 heures, en lui précisant la raison de sa convocation.

■ Il est nécessaire de s'efforcer d'abord de comprendre, de clarifier le contenu, les raisons de ses critiques. Dans une première phase, il faut donc pratiquer l'écoute active. Certaines critiques peuvent s'avérer pertinentes et amener à des axes de progrès.

■ Toutefois, il importe de rappeler au collaborateur la nécessité de respecter une certaine réserve et loyauté. Un encadrant peut et doit entendre les critiques, mais ceci doit se faire dans un certain cadre, lors d'entretiens en bilatéral ; l'encadrant doit se rendre disponible pour cela ; il est opportun également de rappeler au collaborateur que non seulement la critique systématique n'est pas constructive, mais elle peut aussi démotiver les autres collègues et ceci n'est pas acceptable.

■ Tout en préservant les bonnes relations avec le collaborateur, l'encadrant doit rappeler certaines règles d'éthique comportementale. Il va préciser que dorénavant, il n'acceptera plus les critiques systématiques « dans les couloirs », elles seront à faire devant l'encadrant, dans son bureau.

■ L'encadrant prévient le collaborateur que, si cette exigence n'est pas respectée, il sera amené à prendre d'autres dispositions, à savoir la prise de sanctions.

■ Suite à cet entretien, on peut proposer d'élaborer, avec l'ensemble des collaborateurs, **une charte éthique visant à fixer certaines règles d'exigence comportementale au niveau professionnel.**

18. Que signifie pour vous la notion de régulation ?

■ Tout encadrant, tout manager est amené à pratiquer de façon très régulièrement un management de régulation, et ce, à **deux niveaux différents**.

■ La **régulation professionnelle** : il s'agit de rappeler les objectifs stratégiques ainsi que les objectifs opérationnels, c'est-à-dire les actions concrètes à réaliser dans un délai imparti.

■ La **régulation hiérarchique et personnelle** : cela va consister à recadrer un collaborateur, à lui rappeler certaines de ses obligations statutaires, certaines règles à respecter en termes de temps de travail, certains savoir-être liés à ses missions, à ses relations avec ses collègues.

19. Quelle différence faites-vous entre management et coaching ?

- Le management s'inscrit dans le cadre d'une relation hiérarchique, de subordination et de posture de dépendance du collaborateur envers son supérieur. L'action du collaborateur est définie par une fiche de poste, avec des missions, des responsabilités, des objectifs clairement énoncés et contractualisés, notamment lors de l'évaluation professionnelle annuelle.
- Le coaching vise à instaurer une relation de confiance fondée sur l'autonomie, l'égalité des acteurs et leur liberté réciproque d'action. Le but est d'ailleurs de renforcer l'envie et la liberté d'action du collaborateur coaché.
- **Management et coaching sont indissociables.**
- C'est la pratique de l'écoute active ; c'est la multiplication des signes de reconnaissance positifs ; c'est la pratique de l'auto-évaluation des performances et la proposition d'objectifs renforçant l'autonomie et la confiance des collaborateurs.
- C'est une posture permanente d'encouragement des collaborateurs.

20. Comment procédez-vous pour fixer des objectifs motivants à vos collaborateurs ?

■ Une des missions principales de tout encadrant/manager est de traduire les décisions, les orientations politiques en objectifs opérationnels, à la fois à un niveau collectif pour son équipe et à un niveau individuel pour chaque collaborateur.

■ Il s'agit de proposer des objectifs collectifs pour créer de la cohésion et souder l'équipe, ainsi que des objectifs individuels pour impliquer chacun selon ses capacités et selon sa fonction.

■ Au travers des points de dossiers individuels et des réunions de service réguliers, l'encadrant s'assure du bon avancement des dossiers et donc des étapes de réalisation des objectifs fixés.

■ Pour que les objectifs fixés soient sources de motivation pour les collaborateurs, certaines conditions sont requises, selon le **procédé mnémotechnique SMART** :

- **simples** et en **faible quantité** : il est indispensable de hiérarchiser les objectifs et de s'en tenir à quatre ou cinq ; ils doivent être facilement compréhensibles ;
- **mesurables** : les objectifs doivent non seulement être écrits mais quantifiés pour pouvoir être facilement évaluables, sans difficulté d'interprétation possible ;
- **atteignables** : les objectifs doivent être à la hauteur des compétences des collaborateurs, si la barre est trop haute, cela va être source d'anxiété, de stress, avec risque de découragement, de lassitude, de démotivation ;
- **réalistes** : les objectifs doivent être proportionnés aux moyens disponibles et aux compétences détenues ; ils doivent être sensés et directement liés à l'activité des collaborateurs ;
- **temporellement défini** : les objectifs doivent donc s'inscrire dans un calendrier de réalisation défini, avec une date de fin et des points intermédiaires.

21. Que signifie pour vous la notion de neutralité bienveillante ?

- C'est avoir une posture d'écoute active, afin de créer une situation de communication basée sur la confiance et l'empathie à l'égard des collaborateurs. Ceux-ci vont se sentir à l'aise pour exprimer ce qui est important pour eux.
- Les collaborateurs vont ainsi immédiatement percevoir la disponibilité de leur encadrant pour échanger, réfléchir, trouver des solutions avec eux.
- Être tourné vers leur parole, centrer sa posture d'écoute sur la personne.
- Faire dire plutôt que de dire.
- Poser des questions ouvertes.
- Au cours d'un entretien, reformuler, synthétiser les propos des collaborateurs, de façon régulière.
- S'en tenir aux faits concrets et objectifs.
- Encourager régulièrement les collaborateurs, valoriser leurs initiatives, les remercier de leurs contributions, leur dire clairement qu'on a besoin d'eux, qu'on est satisfait de leurs résultats. Il faut donc insister sur la complémentarité mutuelle des compétences et savoir-faire.
- Donner régulièrement des signes de reconnaissance, mettre en avant d'abord leurs talents, leurs potentialités, leurs forces ; ce n'est que dans un second temps que sont évoqués les points à améliorer.
- C'est la bienveillance qui renforce, sécurise, pose un cadre de confiance et participe au développement de la prise d'initiative et d'autonomie.

22. Quel est l'intérêt d'une démarche de gestion prévisionnelle des emplois, des effectifs et des compétences (GPEEC) ?

■ Selon une définition la plus communément retenue, la GPEEC consiste en la conception, la mise en œuvre et le suivi de politiques et de plan d'action cohérents :

- visant à réduire de façon anticipée les écarts entre les besoins et les ressources humaines de la collectivité, tant en termes d'effectifs que de compétences ;
- en fonction du plan stratégique de la collectivité, ou au moins d'objectifs à moyens termes bien identifiés ;
- en impliquant le salarié dans le cadre d'un projet d'évolution personnelle.

■ La GPEEC vise donc à **améliorer l'adéquation des ressources humaines aux besoins de l'organisation**, avec une prise en compte des évolutions à court et moyen terme de la collectivité (trois ans maximum).

■ Pour ce faire, certaines étapes doivent être respectées :

- formaliser la démarche stratégique (définitions des orientations stratégiques, projets ou simulation d'évolution de la collectivité) ;
- réaliser un état des lieux des besoins (emplois actuels) et des ressources disponibles (effectifs et compétences) ;
- identifier les perspectives d'évolution (besoins futurs) ;
- mesurer les écarts entre l'existant et ce vers quoi on tend (diagnostic) ;
- construire le plan d'action de la politique de gestion des ressources humaines.

■ La GPEEC est donc étroitement liée aux processus RH suivants : la formation (plan de formation en rapport avec la stratégie d'emploi et les évolutions des métiers et des compétences) ; la mobilité (interne ou externe) ; l'évaluation ; le recrutement.

■ La GPEEC comporte des **enjeux managériaux essentiels** :

- anticiper et donc adapter et développer les compétences professionnelles aux évolutions des métiers ;
- donner du sens aux actions mises en place ;
- valoriser les agents en développant leurs potentialités ;
- proposer un outil indispensable pour développer la performance, dans un cadre organisationnel et financier de plus en plus contraint, au service d'une meilleure qualité de service au public ;
- proposer une démarche permettant de prévenir l'usure professionnelle de certains agents, et donc participative du bien-être au travail.

■ La GPEEC fait aussi évoluer la fonction RH vers davantage de pilotage, de conseil auprès des autres directions et d'animation.

23. Quelles propositions feriez-vous pour améliorer le bien-être des collaborateurs ?

- Impliquer fortement les encadrants de proximité, la hiérarchie, la direction générale et les élus, dans la prévention de la santé et de la sécurité des agents.

- Intégrer dans l'évaluation de la performance et de l'efficience de l'action publique le facteur humain, et donc la santé des agents.

- Donner aux agents les moyens de se réaliser dans le travail, en restaurant des espaces de discussion et d'autonomie dans le travail.

- Impliquer les représentants des personnels dans la construction des conditions de santé : le dialogue social est essentiel.

- Suivre finement la mise en œuvre des plans de prévention des risques psychosociaux et apporter les correctifs nécessaires.

- Préparer et former les managers au rôle de manager : cette posture ne va pas de soi ; affirmer et concrétiser la responsabilité du manager vis-à-vis des équipes et des hommes.

- Valoriser la performance collective pour rendre l'organisation du travail plus motivante et plus efficiente.

- Anticiper et prendre en compte l'impact humain des changements. Tout projet de réorganisation ou de restructuration doit mesurer l'impact et la faisabilité humaine du changement.

- Ne pas laisser un agent seul face à ses problèmes, mais l'accompagner dans ses difficultés.

24. Comment les critères sociaux et environnementaux sont-ils pris en compte dans les marchés publics ?

■ Le Code des marchés publics **2004** a autorisé les considérations environnementales comme critères d'attribution, à condition qu'elles soient en rapport avec l'objet du marché. Cette démarche a été étendue dans la **version 2006** du Code des marchés publics qui prévoit en particulier **les modalités suivantes** :

- prise en compte du développement durable dès la définition des besoins **(art. 5)** ;
- possibilité d'inclure des caractéristiques environnementales dans les spécifications techniques de l'appel d'offres **(art. 6)** ;
- prise en compte des clauses sociales et environnementales dans les conditions d'exécution **(art.14)** ;
- possibilité de réserver certains marchés ou certains lots d'un marché à des entreprises adaptées ou à des établissements et services d'aide par le travail employant des personnes handicapées **(art. 15)** ;
- inclusion des performances en matière de protection de l'environnement et d'insertion professionnelle des publics en difficulté dans les critères d'attribution des marchés **(art. 53)**.

■ En conseil des ministres du **22 juillet 2015**, le ministre de l'Économie a annoncé une réforme de la commande publique, courant 2016, avec la **rédaction d'un nouveau code de la commande publique**. Il y aurait un **code unique** pour les marchés publics, les délégations de service public, les concessions, les partenariats public-privé.

La réforme a pour objectifs de **simplifier et de sécuriser** le droit de la commande publique, d'**ouvrir davantage la commande publique aux PME** et de mieux prendre en compte les **critères sociaux et environnementaux**.

25. Que savez-vous de la négociation sur les parcours professionnels, les carrières et les rémunérations (PPCR) ?

■ **Les objectifs de cette négociation** étaient de conforter et moderniser la fonction publique de carrière, tout comme réaffirmer et mieux garantir les principes qui font vivre ce modèle :

- l'égal accès aux emplois publics ;
- la séparation du grade et de l'emploi ;
- la possibilité de dérouler une carrière complète dans la durée et la prise en compte de la valeur professionnelle dans le déroulement de cette carrière ;
- la nécessité d'affecter des fonctionnaires sur l'ensemble des territoires, y compris les moins attractifs ;
- l'importance de la mobilité au sein de chaque versant et entre les trois versants ;
- l'unité de l'ensemble de la fonction publique.

■ Ces négociations ont **commencé en septembre 2014**, autour de **cinq séquences**, sur les thématiques suivantes :

- la rénovation de l'architecture statutaire et notamment la structuration des carrières ;
- l'amélioration de la gestion des ressources humaines (GRH) ;
- la rénovation des grilles ;
- l'équilibre traitement indiciaire/régimes indemnitaires.

■ Ces négociations ont abouti à la **signature d'un protocole d'accord**, qui trouve sa traduction dans **l'article 148 de la loi du 29 décembre 2015 de finances pour 2016** qui met en œuvre **plusieurs dispositions** prévues par le protocole relatif à la modernisation des parcours professionnels, des carrières et des rémunérations **(PPCR)** : cadence unique d'avancement d'échelon et meilleure prise en compte de la valeur professionnelle dans l'avancement ; abattement de tout ou partie des indemnités (régime indemnitaire) au profit d'indices majorés, c'est **la transformation de primes en points, entre le 1er janvier 2016 et le 1er janvier 2018**.

Achevé d'imprimer en juillet 2017
sur les presses de la SEPEC (France)
Numéro d'impression : 09463170705
Numéro d'éditeur : 2017_1461
Dépôt légal : juin 2016

IMPRIM'VERT®

PEFC™ 10-31-1470 / Certifié PEFC / Ce produit est issu de forêts gérées durablement et de sources contrôlées. / pefc-france.org